从渔阳里出发

陈 晨 —— 著

陕西师范大学出版总社 西安

图书代号　SK24N2507

图书在版编目（CIP）数据

从渔阳里出发 / 陈晨著. －－ 西安：陕西师范大学出版总社有限公司, 2025.1. －－ ISBN 978-7-5695-5105-1

Ⅰ. D293

中国国家版本馆CIP数据核字第2024FW1040号

从渔阳里出发
CONG YUYANGLI CHUFA

陈　晨　著

出版统筹	刘东风　刘　定
执行编辑	穆语彤
责任编辑	彭　燕　穆语彤
责任校对	宋嫒嫒
装帧设计	张潇伊
出版发行	陕西师范大学出版总社
	（西安市长安南路199号　邮编　710062）
网　　址	http://www.snupg.com
印　　刷	陕西龙山海天艺术印务有限公司
开　　本	880 mm×1230 mm　1/32
印　　张	11.125
插　　页	2
字　　数	249千
版　　次	2025年1月第1版
印　　次	2025年1月第1次印刷
书　　号	ISBN 978-7-5695-5105-1
定　　价	59.00元

读者购书、书店添货或发现印装质量问题，请与本公司营销部联系、调换。

"志之所趋,无远弗届,穷山距海,不能限也。"对想做爱做的事要敢试敢为,努力从无到有、从小到大,把理想变为现实。要敢于做先锋,而不做过客、当看客,让创新成为青春远航的动力,让创业成为青春搏击的能量,让青春年华在为国家、为人民的奉献中焕发出绚丽光彩。

——习近平《在知识分子、劳动模范、青年代表座谈会上的讲话》

(2016年4月26日)

让历史以何种方式告诉未来

一个人，一个团队，一个组织，站在历史的节点，回望一路走来的里程坐标，回味为什么出发的初心使命，回顾怎样出发的人生风采，总会带来一些特殊的怀想和感受。

2022年，是中国共产主义青年团成立一百周年的历史节点。一百年前，它成立时的名字，叫中国社会主义青年团。那时，一批"90后"和"00后"的青年，在刚刚诞生的中国共产党的领导下，走向自己的人生节点，勇敢地站在了中国青年运动的历史起点上面。他们为自己的人生塑造出永远的青春，也开启绵延至今的中国先进青年为复兴中华民族而奋斗的岁月之河。这条河流奔腾一个世纪，越来越波澜壮阔，于是，一百年前那群青年的探索和选择，成为后世青年不断回望的坐标。

陈晨的《从渔阳里出发》，就属于回望和还原青年团出发时候那个坐标的作品。2021年《美文》杂志开辟"百年金瓯"专栏，贾平凹主编请我做这个栏目的主持。陈晨撰写的中国共产主义青年团创建历史的纪实文学在栏目中连载了十二期，每一篇我都认真阅读过。在中国共产主义青年团成立一百周年的时候，聚拢一起出版，是一件好事。

五四运动前后，世界是什么样子，中国向何处去，青年人应该做些什么，研究些什么，这些问题深深困扰着中国的进步知识分子，为中国寻找一条适合的新路成了一代青年发自内心的追求。经过无数次思想的碰撞，经过不断的社会试验，最终，先进青年选择了马克思主义。基于这个背景，《从渔阳里出发》将目光投向一百年前的上海法租界渔阳里，大历史呈现建团前后风起云涌的革命画卷，小细节描绘每个参与其间的青年不同的人生际遇以及他们为革命理想孜孜以求的探索之路。

1920年，陈独秀来到上海，居住在法租界老渔阳里二号，同时把《新青年》编辑部也移到了此地。俞秀松、施存统、陈望道等一批年轻人也相继来到上海，在渔阳里聚集，接受马克思主义思想启蒙。1920年8月，中国共产党上海早期组织在这里正式成立。

霞飞路新渔阳里六号，则是中国第一个社会主义青年团组织的诞生地。1920年8月22日，在上海党的早期组织领导下，上海社会主义青年团在这里成立，俞秀松、施存统、陈望道、李汉俊等八人为第一批团员，俞秀松任书记。接着，上海社会主义青年团在新渔阳里六号创办了外国语学社，刘少奇、萧劲光、任弼时等人在此参加培训，并从这里出发，前往苏俄留学。1922年5月，中国社会主义青年团第一次全国代表大会在广州东园召开的时候，除上海外，北京、长沙、南京、广州、武汉、天津、杭州等十多个城市，都建立起团的组织，团员人数从八人发展到了五千多人。

中国共产主义青年团的创建史,也是中国共产党早期历史的重要组成部分。在各地领导建立团组织的,都是党的第一批成员。这本书写到了1920年6月毛泽东到上海老渔阳里二号拜访陈独秀的事情。毛泽东曾回忆:他和陈独秀讨论自己读过的马克思主义书籍后,"陈独秀谈他自己的信仰的那些话,在我一生中可能是关键性的这个时期,对我产生了深刻的印象"。离开渔阳里回到长沙不久,毛泽东就接到陈独秀从渔阳里寄来的函和社会主义青年团的章程,随即着手筹备在长沙建立社会主义青年团的工作。毛泽东多次叮嘱长沙第一师范学生张文亮"代觅同志","青年团宜注意找真同志","多找真同志"。可见,青年团一开始就是由中国共产党的"真同志"组成的。

上海法租界里两条名为"渔阳里"的弄堂,由此成为见证中国早期信仰马克思主义的人为什么汇聚,又怎样出发的一个重要地理坐标。

如何讲好这段历史,让当代青年愿意了解这段历史并从中受到启发,获取精神成长的养分,这是摆在写作者面前的一个课题。

在历史重述与文学性书写有机结合方面,陈晨作了有益的尝试。她以其娓娓道来的叙事风格,灵活转换的史料运用,真实生动的人物形象,如临其境的场景铺陈,让这部作品有了清新鲜活的气息,让人很容易跟随作者的文字,走进那两条叫作渔阳里的弄堂,与一百年前的青年一起,为国家为民族忧虑,为寻求一条救亡图存的新路苦苦探索。她书写的,既是建团具体过程,又是一篇篇文笔流畅的历史散文,她的笔下,有人物,有事件,有情怀,有全局的把握,也有细节的描摹。

作品在结构上是错落有致的,个体的细致刻画与群体概述交叉运用,使行文疏密得当,节奏合宜。书中的前六章,既是上海社会主义青年团主要创始人俞秀松、施存统、陈望道、李汉俊、袁振英等人的人物小传,也在人物的相互映衬下,呈现了当时的社会背景和青年知识分子的精神面貌。这一群年轻人,汇集到渔阳里,是偶然,也是历史的必然。

作者在塑造人物方面下了不小功夫。比如写施存统面对即将死去的母亲时对"孝"的纠结——"我还是做孝子呢,还是不做孝子呢?……我要做孝子能做到么?我对于父亲要不要一样的孝呢?一样的孝是不是冲突的?我究竟怎么样孝法?……我在家里看到母死就算是孝子么?"这是施存统自己文章中的原话,引用在书中很合适,读来亲切可信。

作者不是党史专业人员。我后来得知,为了写好共青团的历史,陈晨前后共花五年时间,收集了几百万字的资料,通过印证比对、请教专家等办法,力求达到接近历史的真实。有了这种严谨的态度,这本书写得也就比较扎实。

《美文》杂志的常务副主编穆涛对陈晨这本书有一个评价——"你把意识形态为核的写作,由冷写出了暖,由窄写出了宽,由虚落到了实,这是难能可贵的。"

穆涛先生的评价讲出了陈晨这部作品的精髓,我深表赞同。如果要补充,我觉得,书写历史,越是有温度上的"暖",视野上的"宽",落墨处的"实",历史告诉未来的精神营养,就越醇厚。

一百年前的这段历史，告诉今天青年人什么呢？最精辟最切实际的答案，是习近平总书记2016年4月26日《在知识分子、劳动模范、青年代表座谈会上的讲话》对青年人的寄语："'志之所趋，无远弗届，穷山距海，不能限也。'对想做爱做的事要敢试敢为，努力从无到有、从小到大，把理想变为现实。要敢于做先锋，而不做过客、当看客，让创新成为青春远航的动力，让创业成为青春搏击的能量，让青春年华在为国家、为人民的奉献中焕发出绚丽光彩。

是为序。

陈 晋

2022年4月

（作者系中国中共文献研究会副会长、毛泽东思想生平研究会会长、研究员，曾任中共中央文献研究室副主任，长期从事中共党史和当代理论、毛泽东等党的领袖人物研究，以及党史文献和理论电视片撰稿工作。）

目　录

回到石库门

回到石库门 / 002

照进黑暗里的光

照进黑暗里的光 / 008
敬告青年 / 010
《新青年》编辑部移至北大 / 017
出了研究室就入监狱 / 027
《新青年》编辑部重回上海 / 032

黎明前的启程

黎明前的启程 / 038
做一个利国利民的东西南北人 / 040

创办《浙江新潮》/ 043
北上参加工读互助团 / 048
脱下长衫投身劳动界 / 055

呐喊的回声

母亲正在死去 / 060
该不该当孝子 / 064
《非孝》：一篇雷霆风雨之文 / 067
法租界里的新青年 / 072

望　道

从分水塘到东京 / 079
浙江"一师风潮" / 084
柴屋里翻译《共产党宣言》/ 087
《共产党宣言》中译本出版 / 091

播火者

漫长的留学生涯 / 100
他是"我的马克思主义老师" / 105
成为《星期评论》社的主笔之一 / 111
"世界新开" / 116

共产主义马前卒

在校期间撰写《易卜生传》/ 123
入住新渔阳里六号 / 131
主持《新青年》"俄罗斯研究"专栏 / 138

秘密使命

红色使者与中国共产主义运动领袖的第一次握手 / 146
渔阳里的秘密交谈 / 155
"走俄国人的路" / 158
创办中俄通讯社 / 162
"万里投荒,一身是胆" / 165

如初春,如朝日,如百卉之萌动

租界里的缝隙和监视 / 170
上海社会主义青年团宣告成立 / 174
来自渔阳里的秘密信件 / 178
渔阳星火,辐射全国 / 184

弄堂里的外国语学社

门口挂起了"外国语学社"牌子 / 192

去上海，为了奔赴十月革命的故乡 / 195
学习俄语，也学习《共产党宣言》/ 202
星光熠熠的外国语学社学员名单 / 207
人去楼空 / 214

在那生长向日葵和白桦林的国度

到莫斯科的行程走了三个月 / 218
在莫斯科东方大学 / 228

走进克里姆林宫的中国青年

路迢迢，道长且阻 / 238
夜漫漫，与张太雷一聊就是通宵达旦 / 245
《国际歌》有了中文版 / 251
参会的中国代表中混入了投机分子和叛徒 / 257
共产国际大会上第一次响起中国共产党人的声音 / 261

东园的竹棚

第一个目标——团员数达到二千人 / 272
大沽路的春天 / 278
团一大在东园的竹棚里召开 / 288

光明，以及永远的纪念

张太雷：他死时，还是希望自己的鲜血，将要是
　　　　中国苏维埃革命胜利之渊泉 / 299
李汉俊：新中国成立后首批被追认的革命烈士
　　　　之一 / 303
叶天底：带着药罐闹革命 / 305
俞秀松：在异国他乡含冤而死 / 310
施存统：建国后曾任劳动部副部长 / 314
陈望道：第二次入党 / 316
金家凤：四次入狱 / 319

百年风雨，砥砺而过

百年风雨，砥砺而过 / 326

参考文献 / 332
渔阳里的讲述 ｜ 跋 / 334

回到石库门

新渔阳里六号是刘少奇踏上红色征程的起点，更是中国共产主义青年团的起点。1961年3月4日，新渔阳里六号被国务院正式命名为"中国社会主义青年团中央机关旧址"，并被列入第一批全国重点文物保护单位。

回到石库门

1958年11月1日,已是深秋,繁华的淮海中路,比往日安静了许多,一阵秋风吹过,道旁的法国梧桐叶子纷纷飘落,黄灿灿地铺满一地。

一列贵宾车队驶入淮海中路,停在五百六十七弄弄堂口。一行人随即鱼贯而入,走进这条叫作"渔阳里"的弄堂。

渔阳里是典型的石库门弄堂,红色的墙,黑色的门,一号到六号的门洞上方依次写着"惟听用德""天命有德""克明俊德""德彰万邦""兹惟德称""惟德是辅"。

一位头戴呢帽、神色凝重的年长者走到渔阳里六号门前,激动地说:"就是这里!当年,我就是在这里参加外国语学社,学习了三个多月,然后从这里出发去了苏俄留学。"

他是刘少奇,同行的还有他的夫人王光美。

当年,这条马路叫霞飞路,是法租界里一条重要的商业街,如今路名已更改。但渔阳里六号依然如故,陈设也恢复成了当年的模样:楼下是教室,楼上是宿舍。教室里摆放着课桌、长凳,后面的黑板上赫然写着五个大字:"共产党宣言"。

刘少奇瞬间心潮澎湃,眼前浮现出一张张熟悉的面孔——俞

新渔阳里六号

秀松、陈望道、杨明斋、李汉俊、袁振英、任弼时、萧劲光、罗亦农、张太雷、李启汉、梁柏台、蒋光慈、周伯棣……他们有的是他外国语学社的教员，有的是他朝夕相处的同学，当年都曾是朝气蓬勃、怀揣救国理想的青年，其中还有不少人曾和自己一起，前往苏俄留学。如今三十八年过去了，而他们中的许多人没有看到新中国成立便已经为革命献出了宝贵的生命。

二楼是刘少奇当年住过的宿舍。那时条件艰苦，很多同学挤在一起打地铺，但胸中有理想，丝毫不以为苦。二楼的亭子间有一部陡峭的楼梯，攀缘而上可以到达顶楼的晒台。当年，刘少奇曾无数次爬上晒台，在这里仰望蓝天，在这里静静看书。

站在晒台上，还能隐约看到法租界环龙路一百弄老渔阳里二号（后更名为南昌路铭德里）。那是陈独秀当年的住所，同时也是《新青年》杂志编辑部所在地，中国的第一个共产党组织——上海共产党早期组织于1920年8月在那里正式成立。新生的中国共产党发起组以渔阳里为中心，将马克思主义传播的触角在上海乃至全国不断延伸。红色的渔阳里像一块巨大的磁石，吸引着众多以民族兴亡为己任的有志之士——特别是青年，前来寻求救国民于水火的良方。在中国共产党发起组的领导下，1920年8月22日，中国第一个社会主义青年团——上海社会主义青年团在新渔阳里六号成立。随后，外国语学社成立，三十多名学员参加培训后，从这里出发，踏上了前往苏俄留学的征程。老渔阳里二号和新渔阳里六号相距不到一百米，那时，刘少奇和他的同学们在新老渔阳里之间频繁来往，他们把连接新老渔阳里的通道称为"马克思主义小道"。那时的他们，心是如此火热，脚步是如此

1958年11月1日,刘少奇偕同夫人王光美重回新渔阳里六号

轻盈。

这一天,六十岁的刘少奇不顾随行人员的劝阻,沿着狭窄的楼梯爬上了晒台,他又一次看到了那条走过无数次的"马克思主义小道",看到了年轻的自己正和同学们边走边聊,兴冲冲地谈论着《共产党宣言》。

一群白鸽从天边飞过,刘少奇的思绪也随之飞到了三十八年前,飞到了风起云涌的1920年……

新渔阳里六号是刘少奇踏上红色征程的起点,更是中国共产主义青年团的起点。1961年3月4日,新渔阳里六号被国务院正式命名为"中国社会主义青年团中央机关旧址",并被列入第一批全国重点文物保护单位。

岁月沧桑了青春的面孔，但青春的足音响彻历史。一代又一代人青春的脚步踏着历史的节拍缓缓走来，走过苦难，走过迷茫，走过艰辛，继而，走向强大，走向自信，走向胜利。

从上海社会主义青年团到今天的中国共产主义青年团，一个不足十人的团组织已然成长为拥有七千多万团员的庞大队伍。青春的脚步迈向哪里，哪里就播下了春天希望的种子。

照进黑暗里的光

陈独秀挺了挺在逼仄的船舱里委屈了三天三夜的腰杆,在空旷的上海街头迈开大步。

转眼间,己未年即将过去,新的一年即将到来,希望的种子也将在新年的晨曦中萌发。

照进黑暗里的光

1920年2月19日,农历己未年的除夕。

天色将晚,青灰色的天空中飘起了鹅毛大雪,上海街头响着噼里啪啦的鞭炮声。往日穿梭不息的黄包车,此时显得零星而匆忙,在岁末的夜色里急急忙忙赶着回家团圆。穿得严严实实的上海小囝手里拿着小吃或玩具在弄堂里呼朋引伴、窜来窜去。年夜饭的香气伴着留声机里咿咿呀呀的唱腔,从一户户市井人家的门窗里飘出来,一直飘到弄堂口,引得独在异乡的旅人一阵阵怅惘。

陈独秀身着棉袍,拎着一个简易行李箱,独自走在上海的街头。二十多年来,他以家乡安徽怀宁为起点往返于各地,上海一直是他的中转站和临时落脚点,每一次途经上海,都是一次踌躇满志的出发,或者暂时的回归。唯有这一次,他是以避开军警监视、乔装出逃的方式离开北京来到上海。

然而,那又如何?

从二十多岁起,他便以"推倒一时豪杰,扩拓万古心胸"为志向,参与过暗杀清廷大员的密谋,办过《安徽俗话报》,参加过励志会、中国青年会、爱国会、光复会、岳王会、欧事研究会等社团，浪迹江湖，半生坎坷，受得了万众敬仰的荣光，也无惧身陷囹圄的屈辱，一心只想探索一条适合中国发展的新出路。

陈独秀挺了挺在逼仄的船舱里委屈了三天三夜的腰杆，在空旷的上海街头迈开大步。

转眼间，己未年即将过去，新的一年即将到来，希望的种子也将在新年的晨曦中萌发。

敬告青年

陈独秀第一次来上海是1898年，那时他刚刚年满十九岁。上年乡试落第，嗣父陈衍庶见陈独秀尚未找到合意的营生，便让他跟着北上去沈阳，留在自己身边做些文书工作。从安庆去沈阳需经上海中转，第一次来到上海的陈独秀，看着黄浦江上来来往往的各国邮轮，岸边上忙忙碌碌的码头工人，对上海颇感新奇。他知道，自己一向推崇的《时务报》就是梁启超先生在上海创办的，便觉得在内心深处与上海有了某种联系，亲近感油然而生。之后，他又于1899、1909年三次途经上海，奔赴东北并原路返回。

1901、1902、1907、1909、1914年，他五次东渡日本，也都是途经上海往返。说起日本，他与当时的大多数青年一样，内心是五味杂陈的，可谓痛恨与佩服交织，屈辱与不甘并存。

1894年爆发的中日甲午战争，以清政府战败、签订《马关条约》而告终。一个泱泱大国，被一个弹丸之地的小国打败，并割去台湾岛，赔偿库平银两亿两，这对中国人的刺激与挑衅，超过了鸦片战争以来的任何一次战争。

战争的失败与屈辱，激起了中国人民的强烈反抗，更驱动着一批先进分子谋求富国强兵之道。他们认为,要救国,只有维新一途;要维新,唯有学习国外的先进经验。而经过明治维新一跃成为强国的日本,便成了中国人学习的样板。中日两国近在咫尺,两个国家的文字与文化有诸多相通之处,较欧美国家而言,日本的生活水平较低,留学费用也相对较少,因此,到日本留学的青年学生愈来愈多:1900年,约一百人;1902年增至两三千人;1905年,已多达五六千人。

许多去东京留学的青年与陈独秀一样,都怀着一颗探寻"我们中国何以不如外国,要被外国人欺负"的"缘故"之心。东京一时成了中国先进知识青年汇集之地,并逐渐演变成为中国革命分子的大本营,孙中山、李大钊、鲁迅、蔡元培、章士钊,在那里组织了各种各样的革命团体,办报纸,出书刊,发表进步思想。陈独秀在日本亦读了大量革命书籍,思想日渐激进。

1915年6月,陈独秀从日本回国到达上海,亚东图书馆经理、陈独秀的安徽老乡汪孟邹为其设宴洗尘。

席间,陈独秀谈起归国途中见闻。

那日在船上,他看见日本船警打骂被窃船票的中国穷学生,而周围的中国人都在看热闹,竟无一人上前帮助那个学生。陈独秀见状,立即上前阻止日警暴行,并劝大家为学生补票,其间多有为富不仁者,不屑而避。日警对中国人甚为藐视,说道:"中国人唯暴力是从。"

说起当时情形,陈独秀仍然愤懑不已,说:"中国要进行政治革命须从思想革命开始,首先要革中国人思想的命。欲使共和名副其实,必须改变人的思想,要改变思想,须办杂志。"

陈独秀

《青年杂志》

他对汪孟邹说:"让我办一份杂志吧,只要十年八年的工夫,一定会产生很大影响。"

当时汪孟邹经营的亚东图书馆生意清淡,兼之又要承担章士钊主办的《甲寅》等杂志的经费,财力拮据,无力再办期刊,因此颇感为难。

陈独秀目光炯炯地望着汪孟邹,恳切地说道:"拜托兄长,请一定认真考虑下。"

汪孟邹看着陈独秀执着而坚毅的眼神,想起当年与他一起在芜湖创办《安徽俗话报》时,陈独秀那种废寝忘食的拼劲,深信以陈独秀的抱负与才干,一定会干出一番名堂,便答应道:"仲甫放心,我一定尽力促成此事。"

之后,汪孟邹带着陈独秀去找同业好友、群益书社的老板陈子佩、陈子寿兄弟。二陈听了陈独秀关于办杂志的设想,很感兴趣,爽快地表示愿意支持他。双方约定,杂志名称为《青年杂志》,由陈独秀担任主编，每月出一期；陈子佩、陈子寿兄弟每月付编辑费和稿酬二百元，并负责杂志的印刷与发行。

1915年9月15日，陈独秀主编的《青年杂志》在上海出版了创刊号。后人把《青年杂志》的创刊作为五四新文化运动兴起的标志，称其擂响了思想解放运动的战鼓。

陈独秀在创刊号上发表了题为《敬告青年》的发刊词，文中写道：

青年如初春，如朝日，如百卉之萌动，如利刃之新发于硎，人生最宝贵的时期也。青年之于社会，犹新鲜活泼细胞之在人身。新陈代谢，陈腐朽败者无时不在天然淘汰之途，与新鲜活泼者以空间之位置及时间之生命。……社会遵新陈代谢之道则隆盛，陈腐朽败之分子充塞社会则社会亡。

陈独秀寄希望于活泼青年身上，呼唤青年"自觉其新鲜活泼之价值与责任"，号召青年"奋其智能，力排陈腐朽败者以去"。

但怎样判断"孰为新鲜活泼而适于今世之争存，孰为陈腐朽败而不容留置于脑里"呢？陈独秀以极其鲜明的文字，提出了他心目中具有"自觉心"的国民的标准：

（一）自主的而非奴隶的；

（二）进步的而非保守的；

（三）进取的而非退隐的；

（四）世界的而非锁国的；

（五）实利的而非虚文的；

（六）科学的而非想象的。

陈独秀着重指出这六条标准的基本精神是"科学"与"民主"："国人而欲脱蒙昧时代，羞为浅化之民也，则急起直追，当以科学与人权并重。"

陈独秀在《青年杂志》开篇就高举科学与民主两面大旗，从而揭开了中国近代思想启蒙运动的序幕。青年是社会的希望，时代的良心。青年的思想、修养、伦理觉悟、精神境界，是《青年杂志》致力所在。《青年杂志》的极致目标就是要造就一代新青年。

《青年杂志》出了几期后，因观点鲜明而声名鹊起，却因刊名与基督教上海青年会主办的杂志《上海青年》名字雷同而遭到抗议。群益书社老板陈子寿接到投诉信后，怕惹来麻烦，急急忙忙赶到陈独秀寓所，与其商议改名。据汪孟邹日记记载，1916年3月3日，他于晚饭后来到陈独秀家中，遇到陈子寿正在与其谈改名的事："子寿拟将《青年杂志》改名为《新青年》，来商于仲（指陈独秀的字，仲甫），仲与予均赞同也。"

于是，从1916年9月1日出版的第二卷第一号起，《青年杂志》正式改名为《新青年》。正是这个名字，连同"陈独秀"三个字，在中国历史上树立起了一块永恒的丰碑——因陈独秀而有《新青年》，因《新青年》而陈独秀名满天下。

《新青年》甫一亮相，即以革新的姿态，真正做到了"新"。

相较第一卷的《青年杂志》，第二卷的《新青年》最大的新意是几名新作者的加盟。陈独秀帮章士钊办《甲寅》时，李大钊

《新青年》

投稿反驳他的观点,两人不打不相识。在《新青年》的第一号,李大钊即发表《青春》一文,思想内容与陈独秀发表的改名宣言《新青年》极为一致。

刘半农原在上海靠给鸳鸯蝴蝶派媒体投稿为生,在报刊堆里发现《新青年》,如遇灯塔,便主动找到编辑部拜会陈独秀,从此脱离旧文人圈子成为其麾下主力写手。

杨昌济在湖南省立第一师范学校任教时注意到了《新青年》的反孔思想,开始投稿,并向学生大力推荐这本杂志。因此,毛泽东、蔡和森等湖南青年比许多北大学生还要早阅读《新青年》。

陈独秀的"黄金搭档"胡适也在《新青年》登场了。胡适曾给《甲寅》投过稿,提出的中外文明结合的主张正合陈独秀心意。《青年杂志》创刊时,胡适在美国留学,陈独秀想向他约稿，恰巧汪孟邹与胡适都是安徽绩溪人，早就认识，便替他们牵了线。通信中，胡适谈到文学革命八主张：须言之有物，不摹仿古人，须讲求文法，不作无病之呻吟，务去滥调套语，不用典，不讲对仗，不避俗字俗语。

陈独秀也多次在杂志上呼吁文学改革，但没有找到具体方向，胡适的来信使他拨云见日。他立即要求胡适写篇更为详细的文章，于是有了著名的《文学改良刍议》。胡适在私信中一口一个"革命"，公开发表文章时却谨慎地用了"改良"，于是陈独秀在下一期《新青年》上发表了自己写的《文学革命论》，为胡适助阵。

一个改良，一个革命，措辞的差异，不仅反映着两个人性格的差别，更反映着他们在学术认知上的不同，但两者互补，相得益彰。

随着《新青年》杂志声誉渐隆，以陈独秀为主将的一批有识之士，以《新青年》杂志为阵地，以科学、民主做武器，"利刃断铁，快刀理麻"，猛击纲常名教，以前所未有的坚决、彻底反封建的革命精神，推动着新文化运动向纵深处发展。

《新青年》编辑部移至北大

1916年11月26日,陈独秀与亚东图书馆老板汪孟邹一起,到北京为亚东图书馆招股,募集资金,正好从北京琉璃厂附近经过,迎面遇见在北大任教的沈尹默。故友重逢,相见甚欢。

当时,蔡元培即将上任北京大学校长,正在物色人才。蔡元培深知自己单枪匹马赴任,难以驾驭旧势力盘根错节的北京大学,必须寻觅一批有新思想、新文化的新人物代表做新兴北京大学的栋梁之材。一日,蔡元培与北京医学专门学校校长汤尔和闲议北大文科学长人选,汤尔和拿出十多本《新青年》杂志,说道:"陈独秀可担当此任。"

蔡元培本与陈独秀认识,两人曾于1904年一起参加上海暗杀团的活动,之后虽多年没有交往,但彼此都倾慕对方的才干与胆识。蔡元培拿起《新青年》一读,不觉击节赞赏,他佩服陈独秀的睿智和博学,尤爱陈独秀的新思维、新见识,当即决定聘任陈独秀为北京大学文科学长。

恰巧,沈尹默路遇陈独秀,回到北大后也向蔡元培推荐陈独秀担任北大文科学长,并告诉蔡元培陈独秀此时正在北京。

蔡元培一听,喜出望外,立即动身前往陈独秀下榻的旅社看

蔡元培

望他。但当日陈独秀外出,蔡元培未遇到他。蔡元培诚意不减,连着几日都去旅社找陈独秀,均未遇。

12月26日,蔡元培清早就赶到旅社。陈独秀尚未起床,蔡元培示意茶房不要叫醒陈独秀,拿个凳子让自己坐在房门口等候就成。

陈独秀一觉睡醒,打开房门,看见多年未见的故人蔡元培候在门口,甚为惊讶。

两人寒暄几句后,蔡元培说:"前日我与汤尔和、沈尹默商议北大文科学长之选,汤、沈二位向我推荐,说仲甫乃青年导师,担此要职最为合适。我拜读过《新青年》,仲甫先生有见识有才学,堪当学长之职,恳请先生襄助鄙人,屈就此职吧。"

蔡元培温言恳切,陈独秀甚为感动,但毕竟此事太过突然,他一时无备,因此委婉推辞说:"多谢子民先生美意,但一则鄙人才疏学浅,难当大任,二则办刊物杂事缠身,无法分身,还望见谅。"

蔡元培当即表示:"无妨,可把《新青年》杂志搬到北大校园,办刊教学两不误。北大乃人才济济之地,先生到北大来办《新青年》,一定比在上海办得更有影响。"

陈独秀为蔡元培的诚意打动,但仍然顾虑重重,不肯答应。蔡元培求贤若渴,又多次登门邀请。陈独秀经过再三思量,终于答应了蔡元培的邀请,不过仍表示,"试干三个月,如胜任即继续干下去,如不胜任即返沪"。

1917年1月,陈独秀回到上海料理完家事后,赴京上任,住进了北池子箭杆胡同九号。三个月后,妻子高君曼带着女儿子美、儿子鹤年也聚到这里。从此,箭杆胡同九号,便既是陈独秀的家,也是《新青年》杂志编辑部。

《新青年》杂志编辑部搬到北京后,作者队伍也悄悄地发生了变化。蔡元培出任校长后,除聘请陈独秀担任北大文科学长外,还陆续聘请了李大钊、胡适、刘半农、周作人、鲁迅等一批具有新思想、提倡新文化的新派人物执教北大。这些人加上北大其他若干文科教授,形成了《新青年》文学社团。

1918年1月,《新青年》由陈独秀一人主编改为同人刊物,成立了编委会。据沈尹默回忆:"编委七人,陈独秀、周树人、周作人、钱玄同、胡适、刘半农、沈尹默。并规定由七个编委轮流编辑,每期一人,周而复始。"编委聚会的地点,常常是箭杆胡同九号,于是陈独秀的寓所无形中成了新文化运动的指挥部。

《新青年》编委会是一个相当强大的阵营。他们大多是一些激进的民主主义者或自由主义者,为了提倡科学与民主团结在一起,在蔡元培"循思想自由原则,取兼容并包主义"的办学方针

照进黑暗里的光

的保护下,为新文化运动冲锋陷阵,大显身手。历史在急剧前进的时期,常常呈现人才辈出、群星灿烂的光彩夺目的景象。《新青年》的编委们,相知有素,相得益彰。

从1918年1月的第四卷一号起,《新青年》除由陈独秀、钱玄同、刘半农、胡适等人轮流主编外,还取消了投稿。"所有撰译,悉由编辑部同人公同担任,不另购稿。"敢有这番自信,是因为陈独秀早已不是上海弄堂里的光杆司令,"独人杂志"已成为"同人杂志",且这群同人有名气有高薪,不用稿酬,极大节约了办刊成本。

1918至1919年间,《新青年》还突破了长期困扰着陈独秀的发行困境,发行数直线上升,最好的时候一个月能印一万五六千本。以上海为发行总部,北京为龙头,其代派处遍布全国数十个城市的书局,在新加坡和日本也设有代派处。

《新青年》何以能够得到越来越多青年的追捧?

先进的思想,鲜明的个性,前瞻的论述,常常让人有振聋发聩之感,更重要的是,《新青年》传递了最现实也最远大的思想,对生存在那个年代内心空虚的青年进行了最有效的抚慰。

这是陈独秀的《新青年》宣言:

我们相信世界上的军国主义和金力主义,已经造了无穷罪恶,现在是应该抛弃了。

我们相信世界各国政治上、道德上、经济上因袭的旧观念中,有许多阻碍进化而且不合情理的部分。我们想求社会进化,不得不打破"天经地义""自古如斯"的成见，决计一面抛弃此等旧观念，一面综合前代贤哲当代贤哲和我们自己所想的，创造政治上、道德上、经济上的新观念，树立新时代的精神，适应新社会的环境。

我们理想的新时代新社会，是诚实的、进步的、积极的、自由的、平等的、创造的、美的、善的、和平的、相爱互助的、劳动而愉快的、全社会幸福的。希望那虚伪的、保守的、消极的、束缚的、阶级的、因袭的、丑的、恶的、战争的、轧轹不安的、懒惰而烦闷的、少数幸福的现象，渐渐减少，至于消灭。

我们新社会的新青年，当然尊重劳动，但应该随个人的才能兴趣，把劳动放在自由愉快艺术美化的地位，不应该把一件神圣的东西当作维持衣食的条件。

我们相信人类道德的进步，应该扩张到本能（即侵略性及占有心）以上的生活，所以对于世界上各种民族，都应该表示友爱互助的情谊。但是对于侵略主义、占有主义的军阀、财阀，不得不以敌意招待。

我们主张的是民众运动社会改造，和过去及现在各摄政党，绝对断绝关系。

我们虽不迷信政治万能，但承认政治是一种重要的公共生活，而且相信真的民主政治，必会把政权分配到人民全体，就是有限制，也是拿有无职业做标准，不拿有无财产做标准。这种政治，确是造成新时代一种必经的过程，发展新社会一种有用的工具。至于政党，我们也承认它是运用政治应有的方法，但对于一切拥护少数人私利或一阶级利益，眼中没有全社会幸福的政党，永远不忍加入。

我们相信政治、道德、科学、艺术、宗教、教育，都应该以现在及将来社会生活进步的实际需要为中心。

我们因为要创造新时代新社会生活进步所需要的文学道德，便不得不抛弃因袭的文学道德中不适用的部分。

我们相信尊重自然科学实验哲学，破除迷信妄想，是我们现在社会进化的必要条件。

我们相信尊重女子的人格和权利，已经是现在社会生活进步的实际需要，并且希望他们个人自己对于社会责任有彻底的觉悟。

我们因为要实验我们的主张，森严我们的壁垒，宁欢迎有意识有信仰的反对，不欢迎无意识无信仰的随声附和。但反对的方面没有充分理由说服我们以前，我们理当大胆宣传我们的主张，出于决断的态度。不取乡愿的、紊乱是非的、助长惰性的、阻碍进化的、没有自己立脚地的调和论调；不取虚无的、不着边际的、没有信仰的、没有主张的、超实际的、无结果的绝对怀疑主义。

进步、自由、平等、幸福……

为世界进文明，为人类造幸福，以青年之我，创建青春之家庭，青春之国家，青春之民族，青春之人类，青春之地球，青春之宇宙，资以乐其无涯之生。

一个被压抑和剥削了百余年的民族和国家，看到了希望和梦想。

《新青年》成了青年解放思想的号角，成了青年的导师，成了反对封建主义的战鼓，所到之处，无不激起思想革命的火花。在一个古老的没有民主传统，到了近代内忧外患频仍的国度里，以传播科学、民主为职志的《新青年》自然具有伟大的现实意义和深远的历史意义。它的主办人陈独秀因此而名噪天下，走进了他一生中最为光彩夺目的辉煌时期。

陈独秀出任北大文科学长、北大进行改革、《新青年》改为同人刊物、文化战线建立以及北大学生社团创立等，都为新文化运动起到了推波助澜的作用。1919年《新潮》月刊和《国民》杂志的创刊，更使新文化运动如火如荼地开展起来。《国民》反帝旗帜鲜明。《新潮》的宗旨是"把中学生在封建主义顽固分子的毒害下拯救出来"，"对象是小青年"，而《新青年》的对象则"偏重于大青年，高级知识分子"。《新潮》发行数量大，影响广，时人美誉它是《新青年》的卫星。1919年3月，邓康（邓中夏）等人在北大发起组织平民教育讲演团，一时加入的有三十九人，宗旨是"增进平民知识，唤起平民之自觉心"。他们在北京大街小巷做讲演，对平民进行启蒙教育。

伟大的五四运动之所以由北京大学学生首先发起，正因为北大是当时新文化运动的中心地带。中心地带的中心人物，便是陈独秀。

新文化运动的开展，解放了一代知识青年的思想，使他们冲出了封建主义的牢笼，争得了独立的人格。只有这样的新青年才能自觉地勇敢地走向街头、广场，举行游行示威，点燃五四运动的革命烈焰。新文化运动也直接为五四运动奠定了思想基础，培育了一批反帝爱国运动的中坚分子，使其伦理的觉悟转化为进行政治斗争的动力，也使白话文成为爱国运动广泛开展的宣传工具。陈独秀在创办《新青年》时，原以改造青年之思想为天职，"批评时政，非要旨也"。现在他要直接行动，干预时政了。陈独秀无愧于"五四运动总司令"的称号。

张太雷在1921年7月12日参加共产国际第三次代表大会时，也向共产国际重点报告了《新青年》发挥的作用：

这个杂志（指《新青年》）早在1913年初（此处年代有误，《新青年》创刊于1915年——译者）就进行过废除对中国妇女和儿童的家庭纯农奴制的奴役的宣传。这个杂志第一个站出来公开反对孔子的学说。孔子的学说对中国的整个生活制度有巨大影响，是发展中国文明的主要障碍。

这个杂志通过无情的唯物主义的批判，帮助人们揭露儒家的神秘学说。就是这个杂志第一个号召进行文学革命——废除只有少数人可以阅读的文言文，提倡在文学中使用现代白话文。现在这场文学革命运动已经取得了完全的胜利。

《新青年》杂志现在由我们的陈独秀同志主持出版，它比中国任何一种期刊传播的都广，如今这个杂志已经具有一定的共产主义性质。这个杂志是中国文化运动中的一个巨大因素，因此我认为对它谈得更详细一些是必要的。

自从学生们摈弃了儒家学说中的烦琐哲学，开始思考问题并用批判的态度对待周围的事物，自从他们开始意识到自己的阶级目标、任务和责任，他们就懂得了，旧的习俗和原则是中国生活进步和经济形式发展的障碍。学生作为现时资产阶级阶层的代表，其责任是消除这些障碍，结果就爆发了1919年的全国性学生运动。虽然这场运动一开始是由一些反对日本掠夺政策的民族爱国志士发起的，但是后来，促使中国走上新文化运动道路却成了这场运动的动力。只要举出下面这个事实就可以证明这一点：这期间出现约

1919年5月4日,爱国学生集会

1919年5月4日,向天安门进发的北京大学游行队伍

一百五十种期刊,这些刊物讨论了诸如科学、文学、社会主义、哲学等问题以及社会问题。还有一个事实更证明了这一点,这就是成立了许许多多的组织,如"觉悟社""少年中国学会""互助会",等等。

这场新文化运动是由少数学生发起的,但在学生运动过后却变成了一场全民族性运动。

出了研究室就入监狱

1919年,动荡的一年。

革命的火种已经点燃引线,多种进步杂志的宣传,让新一代青年对国家、对自身有了更深一层的认知。潜流暗涌,只需要一个小小的突破口便可成浩荡之势。

1月18日,巴黎和会召开,商量对德和约问题。这完全是一次由英、美、法三国操纵的会议,英、法等国代表不顾中国代表一再的要求,悍然决定将德国在山东的一切特权全部转让给日本,这使中国人民的感情受到了极大的刺激与挫伤,青年知识分子尤其义愤填膺。

5月3日,北大一千多名学生和北京十几所学校的代表集会,决定5月4日齐集天安门举行学界大示威。

5月4日,北京十几所学校的学生三千余人为解决山东问题,举行示威。他们高举大旗从四面八方向天安门广场会合,旗上大书:"外抗强权,内除国贼""还我青岛""取消二十一条""拒绝在巴黎和会上签字"。青年学生一马当先,第一个打开曹宅大门、第一个点燃赵家楼的就是北京高等师范学校数理部的匡互生。学生们火烧赵家楼,痛打章宗祥,一时间,爱国运动风起云涌,迅速波及全国二十多个省的大小城市,单是山东一省,便先后有三十多座城市的学生和市民投入斗争。

五四运动爆发后不久,北京大学校长蔡元培被迫于5月9日晨秘密离京。陈独秀在上海的好友料到他在北京必有凶险,也发去电函劝其尽快南下。陈独秀气愤地说:"我脑筋惨痛已极,亟盼政府早日捉我下监处死,不欲生存于此恶浊之社会也。"

6月3日,北京学生联合会又组织上街演说,军警疯狂逮捕了一百七十余人,监禁在北京大学法科大楼里,其中大部分是北大学生。

6月4日,又有七百多名学生被捕,关押在北大理科校舍,全国最高学府一时变成拘留所。

众多的学生被捕,陈独秀心急如焚。他在6月8日出版的《每周评论》第二十五号发表了《研究室与监狱》一文,文中写道:

> 世界文明发源地有二:一是科学研究室,一是监狱。我们青年要立志出了研究室就入监狱,出了监狱就入研究室,这才是人生最高尚优美的生活。从这两处发生的文明,才是真文明,才是有生命有价值的文明。

文章短小,却铿锵有力,字里行间洋溢着一个战士的激情。陈独秀是个敢说敢做的人,他领导了五四运动,而群众运动也让他体内热血更加澎湃,推动着他奋勇前进。他认识到,五四运动就是因为其"特有的精神"——直接行动与牺牲精神而区别于以往的爱国运动。在这种精神的鼓舞下,陈独秀以一位普通战士的姿态直接行动起来。

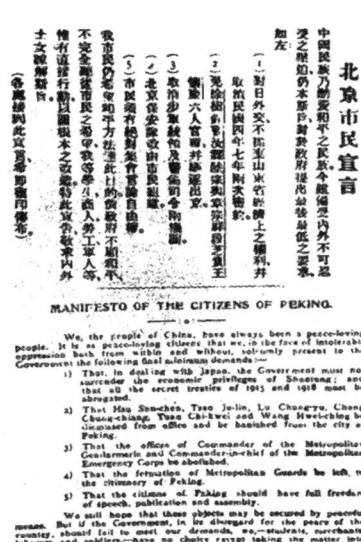

北京市民宣言

他起草了《北京市民宣言》。宣言提出五项要求："1. 对日外交，不抛弃山东省经济上之权利，并取消民国四年七年两次密约。2. 免徐树铮、曹汝霖、陆宗舆、章宗祥、段芝贵、王怀庆六人官职，并驱逐出京。3. 取消步军统领及警备司令两机关。4. 北京保安队改由市民组织。5. 市民须有绝对集会、言论自由权。"

写完宣言，陈独秀亲自去印刷，又亲自去散发。

6月11日晚，陈独秀与邓初（内务部佥事）和高一涵三人到香厂新世界，准备伺机散发传单。新世界的戏场、书场、台球场内，都有电灯照耀，亮如白昼，不好散发传单，陈独秀便和高一涵两人上了新世界屋顶花园，那里没有游人，也无电灯，漆黑一片，楼下的露台上正在放映露天电影。两人一看时机不错，抓起一把传单，从上面撒了下去。

雪白的传单从天而降，飘落到正在观看露天电影的人们头上、肩上，引起一阵阵喧哗。正当陈独秀还在屋顶花园往下抛传单时，黑暗里闪出一名身材高大的男子，他冲到陈独秀面前，说道："给我一张。"未等陈独秀有所反应，那人就从陈独秀手中抢过一张传单，只瞥了一眼，就大喊了一声，顿时，两个身影从黑暗中扑了过来，一起扭住了陈独秀。

原来，戴白帽着西服的陈独秀一到新世界，暗探就留意到他"上下楼甚频，且其衣服兜中膨满"，形迹可疑，因此加倍留意，并暗暗跟踪着他。陈独秀一撒传单，他们就当场将其抓获了。当夜12时，军警百余人荷枪实弹包围了陈独秀的住宅，破门而入，将陈独秀的眷属从梦中惊起，并搜检拿走信札多件。

陈独秀被捕以后，李大钊万分忧急，立即设法营救。经过商议，大家决定将陈独秀被捕的消息昭告全国人民，以舆论攻势迫使北洋政府有所顾忌。

随即，北京的《晨报》，上海的《民国日报》《申报》等报刊纷纷报道陈独秀被捕的消息，舆论界大为震惊，各省各界函电交驰，纷纷为陈独秀辩白，吁请政府当局立予开释。孙中山在上海约见北洋政府代表许世英，给北洋政府施压，声援陈独秀。

在众多的营救函电、宣言和文章中，以毛泽东的文章最有力量。其时，二十六岁的毛泽东已成长为湖南地区新文化运动的领袖。他于1919年7月14日在《湘江评论》创刊号上发表《陈独秀之被捕及营救》一文，文中写道：

我们对于陈君，认他为思想界的明星。陈君所说的话，头脑稍为清楚的听得，莫不人人各如其意中所欲出。现在的中国，可谓危险极了。不是兵力不强财用不足的危险，也不是内乱相寻四分五裂的危险。危险在全国人民思想界空虚腐败到十二分。中国的四万万人，差不多有三万九千万是迷信家。迷信鬼神，迷信物象，迷信运命，迷信强权。全然不认有个人，不认有自己，不认有真理。这是科学思想不发达的结果。中国名为共和，实则专制，愈弄愈糟，甲仆乙代，这是群众心里没有民主的影子，不晓得民主究竟是甚么的结果。陈君平日所标揭的，就是这两样……陈君之被逮，决不能损及陈君的毫末，并且是留着大大的一个纪念于新思潮，使他越发光辉远大。政府决没有胆子将陈君处死。就是死了，也不能损及陈君至坚至高精神的毫末。……我祝陈君万岁！我祝陈君至坚至高的精神万岁！

1919年9月16日，政府当局迫于舆论压力，在关押了陈独秀九十八天后，将陈独秀释放。北大同学会召开欢迎会，欢迎陈独秀出狱。

《新青年》编辑部重回上海

陈独秀获释后,并未得到完全的人身自由,每月都有当局警官来"视察",令其填写《受豫戒令者月记表》。

1920年2月4日,陈独秀秘密前往武汉,随后发表充满新思想的演讲,之后,国内各地报纸都登载了其演讲要点。当局看到报上登载的陈独秀的即席演讲《社会改造的方法与信仰》中提出了消灭私有制的主张,甚为恼火。

2月9日,陈独秀回到家中不久,北京警察署即派警察上门警告:"陈先生,你是刚被保释出狱的,根据法律规定,你如离开北京,至少要向警察关照一声才是!"

警察走后,陈独秀预感大事不好,便悄悄躲到胡适家中,但警察署知道陈独秀与胡适过从甚密,胡适家并不保险,他便又去了李大钊家。李大钊也感觉情形不妙,当即决定护送陈独秀出走。

两人雇了一辆骡车,出朝阳门南下而行。李大钊跨在车把上,随身带着几本账本,印成店家红纸片子,俨然一副前往各地收账的生意人模样。陈独秀头戴毡帽,半遮脸面,坐在骡车里。李大钊是河北乐亭人,讲一口北方话,沿途住店一切交涉,就都

李大钊

由李大钊出面办理。两人一路顺利，很快到了天津。李大钊把陈独秀送上轮船后，才回北京。

党史上有"南陈北李，相约建党"的说法，说的就是在李大钊护送陈独秀从北京前往天津途中，两人有过关于建党的密谈。

陈独秀抵达上海，下榻惠中旅馆，因连日奔波，再加上旅途劳累，病了五六日，病愈后便寄居亚东图书馆。

4月间，原安徽都督柏文蔚迁居，见陈独秀没有合适的住所，便提出把自己的原住处法租界环龙路老渔阳里二号让给陈独秀居住。1912年柏文蔚担任皖省都督时，陈独秀曾做过他的秘书长，两人又是当年创办青年励志学社的同道，惺惺相惜。

老渔阳里二号是石库门房子，大门用三根长石条搭成，砖木结构，二层楼房，进大门有天井，中间是客堂，陈设有沙发四只、椅子数把，壁间挂大理石嵌屏四幅。客堂后有小天井，再后是灶间，有后门通向弄堂。客堂的左边是前、后、中三个厢房。

照进黑暗里的光 | 033

老渔阳里二号

楼上，前面是厢房，可做卧室兼书房，室内陈设有写字台、转椅、大铜床、皮沙发、茶几、缝纫机等，厢房的隔壁是客堂楼，后有晒台。全部面积为一百四十多平方米。

陈独秀过去一看，此处较之自己的寄居地，竟有天壤之别，当即迁了过去。不多久，家属也迁来与他团圆。

陈独秀到上海后不久，北京的《新青年》编辑部发生分裂，最后大家决定将《新青年》"还"给陈独秀，移到上海编辑。

于是，除了要求北京的原编著人员继续供稿外，陈独秀在上海重组《新青年》，编辑部就设在老渔阳里二号。

老渔阳里二号由于陈独秀的到来，变得热闹起来。经常光临此处的有《民国日报》经理兼总编、副刊《觉悟》主编邵力子，还有李书城、李汉俊兄弟，李汉俊又把一同编辑《星期评论》的戴季陶和沈玄庐带来拜访陈独秀。

一时间，老渔阳里二号像一块巨大的磁铁，吸引着众多志同道合的"笔杆子"来来往往。

重新组建的《新青年》编辑部先后吸收陈望道、李汉俊、袁振英（震瀛）、沈雁冰等热烈拥护马克思主义的先进分子加入了进来。

《新青年》与时俱进，又成为宣传马克思主义的中心，其编辑部所在地也成为筹建中国共产党的基地。

黎明前的启程

秀松没有想到,这一别,他再也没有回到家乡,再也没有见到他的亲人。

他也没有想到,从这个船埠头出发,他走出了一条波澜壮阔的人生道路,他的名字会镌刻在中国共产党、中国共产主义青年团的创建历史上,作为党、团先驱被一代又一代青年人纪念。

黎明前的启程

1919年12月。一个清晨。浙江诸暨次坞镇溪埭村三环船埠头。

二十岁的俞秀松肩背一个简易褡裢,站在码头上等船,来送行的是他的大弟寿乔。天还没亮,码头上无遮无挡,冷硬的风从河面上吹来,冷得刺骨。

俞秀松忧心忡忡地望着家的方向。刚才出门时,不知有没有惊醒父亲?他会不会追到船埠头拦他?父亲起床后如果看不到他,知道他竟然不告而别,会不会发怒、伤心?

秀松心里,其实是把父亲俞韵琴引为"同志"的。父亲是小学校长,开明,有见识。因此,秀松并没有向父亲隐瞒被迫退学的遭遇,回到家中后,一五一十地把经过跟父亲说了。他觉得自己的所作所为是在"破坏束缚的、竞争的、掠夺的势力,建设自由、互助、劳动的社会,以谋人类生活的幸福和进步",并无过错。俞父听罢,神色凝重,但没有说责备的话。他心里是赞成和支持儿子的,但秀松学业被迫中辍,学校师长受到牵连,让他很忧虑。

思虑多日,俞韵琴跟秀松说:"既已如此,不如趁早完婚吧!"早在四年前,家里就为秀松定了亲,对象是当地行余初级小学教员蒋老师家的姑娘。

秀松一听，连连摇头。在浙江省立第一师范学校（简称浙江一师）读书时，他日日接受的是新思想的熏陶，他理想中的妻，是志同道合的新女性，他怎么可能接受父母包办的婚姻？

俞韵琴大怒："蒋老师教过你，蒋姑娘你自幼认识，温柔端庄，你们彼此知根知底，为什么不能接受？"

秀松还是犟着头不答应。他和蒋姑娘没有共同语言，是万万做不得夫妻的。而且，他还有更大的事要做，怎么可能安心回到乡里结婚生子呢？

为了避免和父亲起更大的冲突，秀松决定不辞而别。

船来了。秀松望着弟弟寿乔，心知自己此去不知何时能回来，今后照顾父母、弟妹的重任就要落到十六岁的弟弟寿乔身上了，便叮嘱道："做百姓要勤俭，对人头（别人）要客气，对爹要孝顺。我这次出去，几时回来没有数。我要等大家有饭吃，等到讨饭佬有饭吃，再回来。"寿乔忍住眼泪，点了点头。

船开了，秀松站在船头，朝着家的方向眺望。三环船埠头越来越远了，家越来越远了。太阳跳出了云层，照得河面闪闪发亮。

秀松没有想到，这一别，他再也没有回到家乡，再也没有见到他的亲人。

他也没有想到，从这个船埠头出发，他走出了一条波澜壮阔的人生道路，他的名字会镌刻在中国共产党、中国共产主义青年团的创建历史上，作为党、团先驱被一代又一代青年人纪念。

他更没有想到，二十年后，他的老父亲，会常常跑到船埠头呆呆地等船来。夜色中归航的船，载回一个个回家的人，但俞韵琴没有等到他的长子秀松回家，等来的是秀松死在苏联的噩耗。

做一个利国利民的东西南北人

从高空俯瞰，浙江大地山明水秀，在中部偏北的地方，有一个由东部会稽山脉、西部龙门山脉、中部浦阳江河谷盆地和北部河网平原组成的群山环抱、地势由南向北渐次倾斜的盆地。此地名为诸暨。诸暨是中国於越文化的发祥地和核心地区，人杰地灵，出佳人，也出英豪。

1899年8月，俞秀松出生在浙江诸暨大桥乡溪埭村。溪埭村始建于元朝，背靠柏树山，因村前有溪、溪中有滩、漫坡成陆而得名。其父俞韵琴是清朝末代秀才，担任过教师、小学校长及诸暨县劝学所督学、所长。秀松年幼时，儒雅正直的父亲是他的偶像，而俞父对这个聪敏好学的长子也一直寄予厚望，悉心栽培。

自幼受到卧薪尝胆、忍辱复国的古越文化传统的滋养，刚毅勇烈的民风熏陶，以及父辈们心忧天下的忧患意识的影响，在国家、民族备受凌侮的社会背景下长大的俞秀松，思想早早地就开始成熟。在萧山临浦高级小学就读时，他就喜欢阅读康有为、梁启超谈论时局的文章，喜欢关心时事，小小年纪就胸怀大志、忧国忧民。

1916年8月，十七岁的俞秀松考入浙江省立第一师范学校，这是他人生中的一个重要转折点。

浙江省立第一师范学校是一所颇有声望的学校。校长经亨颐早年曾赴日留学，1908年回国，1913年出任浙江省立第一师范学校校长，并兼任浙江省教育会会长，是当时浙江教育界威望很高的民主主义教育家、老同盟会会员。五四运动前，他就在校内提倡"人格教育"，以"勤、慎、诚、恕"为校训，鼓励学生发扬"自动、自由、自治、自律"的主动精神。他主持的省教育会于1919年4月将《教育周刊》更名为《教育潮》，每期都用大量篇幅介绍《新青年》《每周评论》等进步刊物。他在执掌浙江一师期间，广纳新文化人物入校为师，先后前来任教的有陈望道、沈钧儒、沈尹默、夏丏尊、俞平伯、叶圣陶、朱自清、马叙伦、李叔同、刘大白、张宗祥等。

新思想带动新风气，在校长和教师的引领下，浙江一师的学生思想活跃，关心时事，经常探讨社会改造问题。

在浙江一师这座美丽的学府，俞秀松畅快地呼吸着校园里"民主""自由"的空气，如饥似渴地汲取着新思想的丰富营养。他求知欲强烈，凡事都要问个为什么，被同学称为"三W主义者"。初入校门时，他一心向学，渴望成为一名学问家。他在给家人的信中写道："我现在很觉得我的学识不够，我总想努力用功才好。""我没有好好端端用功读书，现在倒要趁机用番功夫。""颇觉为学的兴趣，拟留此间尚有二年，务想研究一种专门学问，以为将来为国之用，庶不负我父母的殷殷期望。"夜深了，宿舍的灯熄了，他还舍不得放下手中的书，便悄悄跑到路灯下继续看书。在广泛的阅读中，他越来越喜爱阅读传播新思想的进步报刊,《民国日报》的《觉悟》副刊和《时事新报》的《学灯》副刊是他每期必读的读物,而陈独秀主编的《新青年》,更是让他如遇明灯。他省吃俭用,订阅了一份《新青年》,每每拿到新刊,总是恨不能一口气读完。他觉得《新青年》里面的文章说出了自己心里想说的话,读来十分解渴。这些进步报刊,在潜移默化中影响着他,让他开始思索国家的前途命运。

俞秀松在浙江一师学习之际,正值新文化运动在全国如火如荼进行之时。同时,欧洲爆发的第一次世界大战,暴露出了西方资本主义文明的种种弊端,战争景象的极其残酷,战后社会的极度混乱,都使迷信西方文明的中国人从迷梦中惊醒,认识到"东方思想不切于实际生活,西方思想也未必尽是,几多之部分,亦应与东方思想同时改造也"。原本试图参照西方资本主义模板改造中国社会的知识分子,也幻想破灭,深感迷惘。正值此时,俄国十月革命爆发,并取得了胜利,给中国先进分子带来了新的希望,并促使他们转而关注社会主义,去研究指导十月革命取得胜利的马克思主义。

一向喜欢探究新事物新思想的俞秀松自然也受到了这种思潮的影响,他意识到,俄国的社会主义是理想的社会模式,是拯救中国于危难的榜样,他从中看到了中国的未来和希望。知识的积累,思想的碰撞,让他原本"一心向学,做个学问家"的志向发生了变化,在给家人的信中,他写道:"我的志愿,将来要做一个有利于国、有利于民的东西南北人。"

创办《浙江新潮》

1919年,五四运动爆发。北京学生爱国示威游行的消息传到浙江,杭州中等以上学校的学生积极响应,十四所中等以上学校学生聚集在一起,举行了声势浩大的游行。

在这场爱国学生运动中,俞秀松崭露头角,表现出了超强的活动能力和组织才干。他多方联络,起草决议,发表演讲,不仅是一位重要的组织者、策划者,还是一位出色的宣传鼓动者。他和宣中华草拟的决议草案,为杭州的学生运动明确了目标、任务:(一)成立杭州学生联合会;(二)函告杭州总商会,即日起停止出售日货;(三)声援北京、上海的学生运动:5月12日举行游行示威;5月29日起全市罢课,检查日货。他们还拟定了电文,声援北京学生的爱国斗争。电文云:吾人为保全全国青年之人生计,义不独生,誓必前仆后继,以昭正义,想政府亦不能尽戮全国学生也。

游行时,俞秀松走在队伍的最前头,高呼口号,声援北京学生。在一家日本人开的东洋药房前,俞秀松拉过一张长凳,站在上面发表演讲。他慷慨激昂地说道:"我们堂堂大中华,被小小的东洋鬼子欺负得够苦了,他们侵略了我们的山东,不久就会吞

《浙江新潮》

并全中国，我们一定要打倒卖国贼，打倒日本帝国主义！"

为宣传反日爱国思想，俞秀松与施存统、宣中华等同学一起，筹备办一本刊物。刊物于1919年10月10日出版创刊号，取名《浙江省立第一师范学校校友会十日刊》（简称《双十》）。

《双十》出了两期，编者的思想便转向激进，认为"双十"乃武昌起义纪念日，而自己的理想并不仅仅是建设好中华民国，遂把刊名改为《浙江新潮》，希望像当年对推动辛亥革命起重要作用的《浙江潮》那样，在新的历史条件下，推动新的潮流，埋葬丑恶和腐朽。同时，该刊改半月刊为周刊，由俞秀松担任主编。

同年11月1日，《浙江新潮》正式创刊，俞秀松撰写了发刊词。

俞秀松在发刊词中开宗明义地写了办报的宗旨——"本报的旨趣，要本奋斗的精神，用调查、批评、指导的方法，促进劳动界的自觉和联合，去破坏束缚的、竞争的、掠夺的势力，建设自

俞秀松

由、互助、劳动的社会,以谋人类生活的幸福和进步。"文中还写道:

> 我们要谋"生活的幸福和进步",不可不破坏束缚的、竞争的、掠夺的东西,建设自由的、互助的、劳动的社会。这建设和破坏,就是改造社会……改造社会将由那一种人担任呢?将用怎样方法呢?我们以为改造的责任在于农工劳动者,改造的方法在于"自觉"和"联合"……我们以为,劳动阶级占全世界人类的最大多数,而且都能尽互助、劳动的责任;但是生活的苦痛唯有他们受得最甚,所有我们以为改造的责任不能不由劳动者担任。……我们以为青年的学生是中国很有希望的平民,教育劳动者实在是他们最重要的责任。所以本报一方面直接负促进劳动者的责任,一方面又当鼓吹学生担任教育劳动者的职任。

这是一篇充满战斗精神的檄文。俞秀松等青年学生在目睹黑暗的时局后，在各种纷繁复杂的思潮中，已经认识到改造社会才是最终使中国彻底摆脱列强欺侮、迅速富强起来的出路。尽管限于当时理论修养与社会实践的不足，他们还没能学习和了解到马克思主义的阶级斗争理论，还未能真正找到改造社会的正确途径，但已经在"劳工神圣"的口号下，沿着正确的方向努力前行了。

《浙江新潮》自创刊号起，就因其刊发的文章言论犀利而令人瞩目。它是浙江最早宣传马列主义的刊物，是当时浙江宣传新思想最鲜明的一面旗帜。

施存统是《浙江新潮》的一员猛将，文笔犀利、观点激烈，常有惊人之语。他在第二期《浙江新潮》上发表了《非孝》一文，主张在家庭中用平等的"爱"来替代不平等的"孝道"，从而建设一个新社会。

百善孝为先，孝是"忠孝节义"的封建道德的四大支柱之一。现在竟有学生敢如此冒天下之大不韪，这还了得？！

一石激起千层浪，把新文化、新思想视作洪水猛兽的浙江省省长齐耀珊立即以省公署的名义发文，要求查禁《浙江新潮》。无奈，已经开印的第三期《浙江新潮》只得从印刷机上撤下。

反动当局的禁令，并没有让俞秀松等人屈服。他们立即召开编辑人员会议，研究对策。经过商议，他们最终决定到上海去印刷新一期的刊物。在《星期评论》编辑部沈玄庐、戴季陶以及邵力子等人的帮助下，《浙江新潮》第三期在上海顺利印刷，并由俞秀松带回杭州继续秘密发行。

以省长齐耀珊为代表的反动当局得知这一消息后,恼羞成怒。11月27日,浙江省督军卢永祥和省长齐耀珊联名密电北洋政府大总统和国务院,要求在全国范围内查禁《浙江新潮》。

尽管《浙江新潮》遭到了反动当局的扼杀,但这份刊物在新文化运动中产生了重要影响,受到了新文化运动主将陈独秀的关注和高度评价。陈独秀在1920年元旦出版的《新青年》第七卷第二号上,发表了一篇题为《〈浙江新潮〉——〈少年〉》的随感录,并称俞秀松、施存统等人为"可敬的小兄弟"。文中写道:

《浙江新潮》的议论更彻底,《非孝》和攻击杭州四个报——《之江日报》《全浙公报》《浙江民报》《杭州学生联合会周报》——那两篇文章,天真烂漫,十分可爱,断断不是乡愿派的绅士说得出的……我祷告这班可敬的小兄弟,就是报社封了,也要从别的方面发挥《少年》《浙江新潮》的精神,永续和"穷困及黑暗"奋斗,万万不可中途挫折。

"非孝"风波后,俞秀松、施存统等人被迫离开了学校。

北上参加工读互助团

俞秀松离开家乡回到杭州,一时很彷徨,不知下一步该怎么办。

这一日,施存统拿来一张报纸,上面刊登着北京工读互助团筹备成立的消息。急于摆脱包办婚姻而投身社会改造的俞秀松,看到这个消息,顿时觉得像是久困黑屋突然看到了光亮,兴奋得无以言表,当即决定与施存统等同学一起北上,加入北京工读互助团。

北上需要经费,但俞秀松几乎身无分文。为筹措路费,他不得不硬着头皮给父亲写信,讨要路费。此时已经认同自由、平等思想的俞秀松,在写给父亲的信中直呼其名,称其为"韵琴同志"。这在以"亲""孝"为核心的纲常伦理盛行的中国乡村,无疑是相当罕见的无礼之举。

俞韵琴收到秀松的信后,念了几遍"韵琴同志",又好气又好笑,当即给秀松回了一封信,写道:"知你要钱很急,特奉寄你大洋一块。我友好地提醒你,你称我同志,那么你给四万万同胞都写封信去,请他们每一个同志都给你一块钱,足够你走遍天涯海角,岂不一切问题都解决了?"落款为"同胞韵琴上"。

俞秀松收到父亲寄来的一元钱,傻了眼。

在老师陈望道、夏丏尊、刘大白、李次九以及同学、朋友的资助下，俞秀松勉强凑齐了路费，与施存统、傅彬然及周伯棣等同学一起北上。

临行前，他写信给家人，表明"不告就去报名"的目的，是追求个人的自由，"要正直（真正）做人去了！"

初到北京加入北京工读互助团时，俞秀松和施存统、周伯棣、傅彬然等同学满心都是对未来新生活的憧憬，想的是"实验我的思想生活，想传播到全人类，使他们共同来享受这甘美、快乐、博爱、互助、自由的新生活"。

工读互助团的发起人王光祈，是少年中国学会的执行部主任。少年中国学会是五四时期全国最大的进步社团，总会设在北京，在许多城市，甚至国外都有分会。其会员有一百二十多人，李大钊、邓中夏、赵世炎、毛泽东、恽代英、左舜生、曾琦、李璜等都是该会会员。他们尽管思想倾向不同，但都支持或参加了工读互助团的实践。王光祈在谈及发起北京工读互助团的动机时说："自从欧战停后，世界潮流排山倒海向东方而来，中国青年受此深刻刺激，顿成一种不安之象，对于旧社会、旧家庭、旧信仰、旧组织及一切旧制度，处处皆在怀疑，时时皆思改造，万口同声要求一个'新生活'。"

早在1919年8月，王光祈就描绘过一个既有空想社会主义者"互助""合作""新村"色彩，又带有中国传统田园诗式的桃花源般的"新生活"："我们先在乡下租个菜园……菜园中间建筑十余间房子，用中国式的建筑法，分楼上楼下两层。楼上做我们的书房、阅报室、办公室、会客室、藏书室、游戏室等

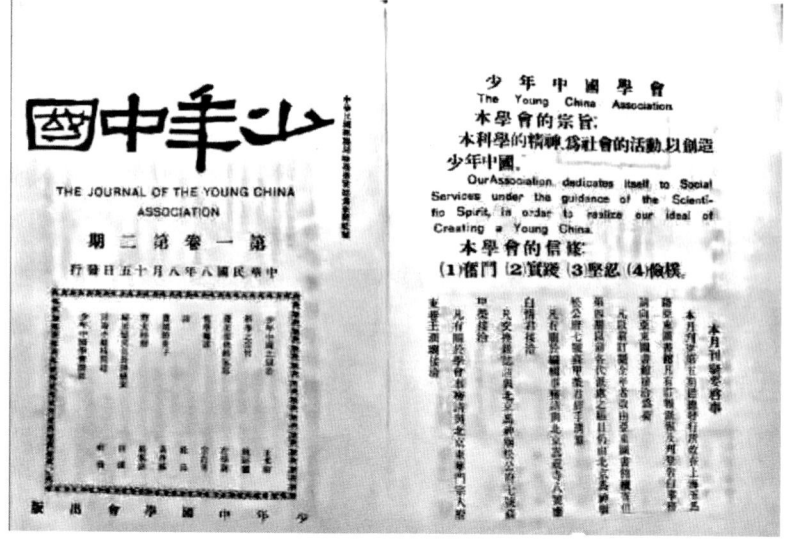

《少年中国》

等；楼下做我们的卧室、饭厅等等……园子周围挖下一条小溪，溪边遍植柳树，柳树旁边就是竹篱，竹篱里头就是我们的菜园了。"他还安排了每日的工读时间："（一）种菜两钟；（二）读书三钟；（三）翻译书籍三钟；其余钟点均作为游戏、阅报时间。""我们在乡间半工半读，身体是强壮的，脑筋是清楚的，是不受衣、食、住三位先生牵制，天真烂漫的农夫是与我们极表示亲爱的；我们纯洁青年与纯洁农夫打成一气，要想改造中国是很容易的。"

王光祈设想通过这样的工读互助实践方式，达到改造中国社会的目的。然而，要建成这样的理想家园，需要相当面积的土地，需要掌握农业劳动的技能、技巧，更要有长期从事农业劳动和在农村生活的决心与毅力,这对于大多数知识分子来说,绝非易事。因而不久,王光祈就抛弃了乡下菜园"新生活"的设想,重新设计了一幅城市版"新生活"的蓝图。

1919年12月4日,王光祈在《晨报》上发表了《城市中的新生活》一文,用生动的笔调,叙述了他对于城市"新生活"团体——工读互助团的具体设想。

1920年1月15日,王光祈在《少年中国》第一卷第七期上发表了《北京工读互助团简章》,称工读互助团的宗旨为"本互助精神,实行半工半读",通过学习成员间的共同劳动、共同学习、共同生活,来实践"人人工作,人人读书,各尽所能,各取所需"的崇高理想。规定成员入团以后,"必工必读,二者不可缺一";每天工作四个小时,规定"工作以时间为标准,不以工作结果为标准";不管工作能力如何,都要各尽所能,"工作所得必须归团员公有";人人以团体的盈虚利害为自己的盈虚利害,团体以每个人的幸福痛苦为大家的幸福痛苦;"团员所需的生活费用由团体供给"(包括教育费、医药费、书籍费等);办理久了,养成互助习惯了,就可以实行各取所需的原则。

《北京工读互助团简章》一经刊出,立刻吸引了全国数百名愿意脱离家庭、走向社会、走进"新生活"的知识分子,还得到了新文化运动的领导者陈独秀、李大钊、蔡元培、胡适、周作人及张崧年、罗家伦等人的大力支持。他们同时也是工读互助团的发起人,并带头捐了款,陈独秀捐三十元,胡适捐二十元,李大钊捐十元……不久就募集到现洋一千零一十四元、票洋二百五十四元,超出原定募集一千元的计划数额。不到半个月,这个"本互助精神,实行半工半读"的工读互助团,就在北京成立了。

俞秀松、施存统等青年到达北京加入工读互助团后,陈独秀、李大钊、蔡元培、胡适、王光祈等参与创建工读互助团的老师们,都曾到互助团看望团员们。

陈独秀看到俞秀松和施存统时,特意询问了浙江五四运动的情况和浙江一师革新的情况。当陈独秀听到浙江一师竟有同学受到反动当局指使,创办《独见》杂志以恶意攻击《浙江新潮》刊登的新文化思想观点时,大怒道:"这是顽固派教师在背后捣鬼,你们为什么不反对?"

与陈独秀同来的李大钊站在一旁凝神听青年们讲述自己的经历,虽言语不多,但爱护之心溢于言表。

俞秀松被分在工读互助团第一组,住在北京大学附近的东城骑河楼斗鸡坑七号。加入工读互助团,俞秀松对新生活满怀期望,决心抛弃"劳心者治人,劳力者治于人"的落后观念,身体力行,终生读书、终生做工。他在北京大学注册旁听,每天兴致勃勃地选择自己喜欢的课程去听,还可以近距离请教陈独秀等自己素来仰慕的教授,这是他之前梦寐以求的事。学习之余,他积极参加劳动,劳动内容包括放映电影、洗衣、印刷、做饭等等。与他同在第一组的成员原有十三人,后来逐渐发展到二十一人。

俞秀松等人原本以为,可以通过工读互助团的实践,为改造社会提供一个成功的模板,但理想像一个色彩斑斓的肥皂泡,瞬间就破灭了。原本热热闹闹的工读互助团,从成立到结束,仅仅维持了三个多月。

失败的原因是多方面的，有经费的入不敷出，有发起人、参加者对工读互助团的宗旨在思想认识上的差异，譬如胡适，就根本不认为这是"新生活"，他告诫团员们说："我很诚恳地希望我的朋友不要借工读主义来提倡新生活、新组织。工读主义只不过靠自己的工作去换一点教育经费，是一件极平常的事。美国至少有几百万人在做这件事，算不得什么'了不得'的新生活。"

不到半年，全国各地的工读互助团也先后宣告失败，纷纷解散了。这个美好的设想，如同昙花一现，寄托过许多先进分子的理想，也让那些寻求救国道路的人积累了一份失败的体验。不断试验，不断失败，不断重新选择，是当时的知识分子在纷乱的社会环境中的真实处境。

工读互助团实践的失败，加剧了中国新文化运动中先进知识分子的分化。追求进步的青年在社会的现实面前，最终抛弃了社会改良主义，为接受科学社会主义奠定了思想基础。工读互助团的实践结束以后，许多成员恢复了过去的学校生活，一些人出国求学，而一些先进分子则接受了马克思主义，迅速走上了革命道路。

受此挫折，俞秀松并没有沮丧，更没有丧失信心，而是冷静地进行了思索。他初步意识到改良主义的谬误，认识到脱离社会现实的空想是飘浮在空中的海市蜃楼。工读互助团这种由少数而且思想不一致的人组成的空想社团，根本无法与封建社会抗衡，也无法与资本主义社会进行斗争，更无法改造社会。他丢掉了无政府主义的空想蓝图："我此后不想做个学问家（这是我本来的志愿），情愿做个举世唾骂的革命家。"

李大钊、胡适、徐彦之等人为这批解散的工读互助团成员着想，提议让他们"找别的工作，实行工读主义，做苦学生"。俞秀松和施存统拒绝了，他们决定采用"急（激）进的方法"改造社会。俞秀松说："我认为我们改造社会的好方法，就是使社会愈闹得利（厉）害愈好；惟恐我们的方法还不能使这个麻木不仁的社会闹起来呢！如果全世界能够大闹起来，那是我所更加欢迎了。"他萌生了从军的念头。

脱下长衫投身劳动界

3月26日,俞秀松和施存统等人一起,离开北京南下,准备从上海转道去福建漳州从军。出发前,俞秀松通过书信把自己的行程和打算告诉了浙江同乡沈玄庐。

火车一路颠簸,俞秀松、施存统于次日抵达了上海。法租界里春景怡人,生机盎然。法国公园附近,马路修治得很整洁,华龙路一带碧绿整齐的大树底下,常常有游人的帽影衣香,轻软的小孩骑车徐徐在斜阳红照的绿树中经过。

俞秀松坐在黄包车上,出神地看着街景。几个月前,他曾经为印刷《浙江新潮》来过上海,几个月过去,竟似换了天地。想想自己,被迫退学、离家出走、北上参加工读互助团、工读互助团失败,如此多的事发生在几个月间,倒仿佛有一年那么漫长。

沈玄庐把俞秀松和施存统接到了法租界三益里他的住处,那里也是《星期评论》编辑部。不久,他俩也见到了同在法租界的戴季陶,以及先于他们来到上海的陈独秀。沈玄庐对俞秀松、施存统预备前往漳州当兵的打算很不以为然,说道:"你们到漳州去,还不如留在上海去工厂。"陈独秀、戴季陶也赞同沈玄庐的意见,劝俞秀松、施存统留下。俞秀松、施存统便听从了陈独秀等人的建议，放弃了去漳州的计划，留在了上海。俞秀松在《星期评论》社帮忙，并暂时居住在《星期评论》社。

4月，在戴季陶的安排下，俞秀松到位于虹口东鸭绿江路三百五十一号半（今周家嘴路三百五十一号）的厚生铁厂去做工。俞秀松去做工是负有特殊使命的。他在与友人的通信中谈到，他"改名换服"到工厂做工的真实意图是投身工人中，探索改造社会的新途径——"观察现在上海各工厂的内容和工人的生活状况；观察工人的心理，应该施什么教育和交际的方法……于可能的范围内，组织一个很小的工人团体"。

脱下了长衫，投身劳动界，俞秀松才真正认识到，在工厂做工，与原先在北京参加工读互助团做工，是完全不一样的。他亲身体会到工人的辛劳，目睹他们受压迫之深——"我目睹各处工人受军阀无礼的压迫"，"一天十几点的牛马劳动"，"所吃的饭或菜里，常常看到蚊子和苍蝇"。他十分同情工人们的处境，发出了"中国底工人太苦痛了""现在的制度杀人之残惨"的感慨。然而，这些劳苦大众自己，常常是思想麻木的，不以自己的辛苦为苦，也不因自己所受的不公而抱怨，这让俞秀松意识到了思想改造的重要性。他在日记里写道："我到厚生铁厂二月多了，觉得现在工人的知识和思想太薄弱了……因为工人受旧观念——迷信的、阶级的——和旧习惯——不知卫生——实在太深了，现在我们进工厂去，对他们说什么资本家，什么罢工运动……等，他们是一点都不知道的。"他自发地意识到，"我要救中国最大多数的劳动群众"。

那么如何拯救工人呢？俞秀松提出了两个办法：一是培养工

人做工头和大司务，二是组织工人俱乐部。他在日记里写道："可施一种工人教育，改变他们底旧思想，灌输给他们一种新知识，渐渐地鼓吹起来，然后再组织各种的团体，来实现我们的劳动运动。"

俞秀松经常利用各种机会，拿着报纸或刊物，给工人们讲时事，解释报刊中的时事内容，给工人们讲革命道理，鼓励工友们诉说自己的冤情，揭露中外资本家对工人的剥削和压迫，表达自己的诉求。在与工人们的朝夕相处中，他感受到了工人阶级迫切要求改革现状的愿望，认识到了工人阶级团结起来的力量，开始真正走上了和工人运动相结合的道路。

在俞秀松的宣传鼓动下，厚生铁厂的工人们开始觉悟了。5月1日，俞秀松率厚生铁厂的五百多名工人参加了上海工人第一次纪念国际劳动节大会，会后还发表了《上海工人宣言》。之后，厚生铁厂与恒丰纱厂等共同发起成立了上海机器工会。

那时的俞秀松，刚刚二十一岁，好学而自律，他给自己制订了一个每天工作、学习的计划：读世界语、看书读报、做工、预备教材、记日记、通信、交朋友。

这期间，俞秀松每日到厚生铁厂做半天工。他大多数时间住在《星期评论》社，帮着《星期评论》社做一些事，有时则和工人们一样吃住在厂里。由于囊中羞涩，俞秀松每天只能步行去工厂上班，来回需要两个多小时，但他丝毫不以为苦，还称"乐意投身工厂里，愿意做个社会改造者"。

尽管生活忙碌而辛苦，但俞秀松心情是舒畅的，工厂里的工人愿意与他交朋友，《星期评论》社的戴季陶、沈玄庐、李汉俊也都待他十分亲厚，陈独秀更是将他视为得力助手。那时，陈独秀居住在老渔阳里二号，戴季陶居住在新渔阳里六号，在新老渔阳里之间，常常可以见到俞秀松的身影。

通过与陈独秀等人的交往，以及工厂的工作实践，俞秀松常常对各种思潮、主义进行比较，逐渐认识到了"利他"的重要性："我们活在社会上，决不是我一个人或少数人能够单独生活的。我要利己，同时不能不利他；利他就为利己。我现在的思想，根本是出发于此，所以我虽主张人生是快乐，不过因为大多数人都受苦痛，我不能独享这种快乐，暂时不能不牺牲我底快乐，去救这班大多数受苦痛的人。但是我牺牲我底快乐去救受苦痛的人的时候，我有可求快乐的，我仍许求快乐享受的呢。"

他终于抛弃了乌托邦式的空想社会主义，开始从一个民主主义者转变为一个马克思主义者。

呐喊的回声

我想在社会上做一个很有用的人,我还要替社会做许多事情,我不能做家庭的一个孝子!我即使要做家庭一个孝子,也万万做不到,有人不许你做!……我要救社会,我要救社会上和我母一样遭遇的人!我母已无可救,我不能不救将成我母这样的人!

1919年10月。浙江金华叶村。

四面都是山，叶村就在山的怀抱里。山中的日月守着恒常的节奏，平缓、安静。五个月前，五四运动在北京爆发，并且迅速在全国范围内扩散。但不管外界如何风起云涌，山村依然平静，山里的人们甚至根本不知道五四运动是怎么一回事，更不会想到，石破天惊的"非孝"呐喊，即将在这个山谷里响起，而发出呐喊的叶村青年施存统，会因撰写《非孝》一文掀起轩然大波，并因此离开浙江北上，又辗转到上海法租界渔阳里，成为建党、建团的先驱。

母亲正在死去

二十岁的施存统赶了一天一夜的路，到家时已是黄昏。他在学校接到家书，听得母亲快死了，心急如焚，就怕迟一步再也见不到母亲。急切地推开母亲卧房的门，昏暗的油灯下，他看到母亲头发蓬乱，脸色灰败，虽然还能坐起，能说话，但显然已神志不清，根本不知道自己在说什么，发黑的嘴唇不时翕动着，发出一些奇怪的音节，脸上露出似笑非笑的表情。床边，放着一些冷硬的吃食。

施存统

施存统见此情景,心如刀割,眼泪止不住地流了下来。他想起母亲没得病时,极其聪明能干,身体也结实强健,总是忙里忙外,一刻不停,浑身有使不完的劲儿。半年不见,母亲就病得人事不知了。

存统含着泪,心疼地看着母亲。山里的秋夜很冷,但母亲穿着单衣,盖着单被,瘦骨嶙峋的身子缩成了一团,不停地哆嗦。他摸摸她的脚,冰冷如铁。他问大弟弟存绪:"家里没有厚一点的被子吗?娘冷啊,为什么不给娘铺条厚被子?"

存绪怯懦地看了看父亲,说:"爹说娘横竖就要死了,活人要紧,厚被要留给活人用。"

存统哀求父亲:"爹,身体好的人盖薄点没关系,娘病得这么重,再受凉,不是会病得更重吗?爹,给娘拿条厚被子吧。"

父亲说:"我也是为了让你的弟弟们夜里盖暖和点,既然这样，存绪，去拿条厚被子给你娘。"

存绪拿来厚被子，给母亲盖上。母亲渐渐停止了哆嗦，但仍然双眼紧闭，知觉全无。

存统双膝跪在母亲床前，抓住母亲干枯的手，哽咽着喊道："娘，我是存统，我是您的呆子大儿啊！"

母亲毫无反应。

大弟弟存绪说：娘的眼睛瞎了，耳朵聋了，什么都看不见，什么都听不见。

存统难过地大哭。他问弟弟："娘为什么会瞎了？上次不是有大夫说能医好吗？爹没带娘去看病吗？"

存绪说："娘的病一直拖着没去看，越拖越重，请过一个医生上门，那医生说娘一定不会好了，后来便再没请医生看过。"

存统问："我上次不是借了钱回来给娘看病吗？那钱去哪了？"

存绪说："钱被爹拿去做小生意了。"

半年前，存统在学校里接到父亲来信，告诉他母亲患了眼疾，要他回家看望母亲。他连忙跑去跟大舅母和学校老师夏丏尊借了三十多块钱，急急忙忙赶回了家。到家一看，母亲的眼疾已经很严重了，几乎看不到人。他问父亲为什么不给母亲看病，父亲讷讷地说，不是不给母亲看，是家里拿不出这笔钱。存统把借来的钱拿给母亲，要母亲赶紧去医治眼病。母亲接过钱，说："我明天就去医治，你先回学校，不要耽误功课。"存统不放心，说："我陪您看完病再去学校。"母亲说："明天让你父亲陪我去看病，你赶紧回学校。"父亲也一再劝他回学校，说明天就会陪母亲去看病。施存统这才依依不舍地告别母亲，回了学校。

然而,让施存统气愤的是,他专门为母亲治病借的钱,还是被父亲派了其他用场。

他真想问问父亲,那是给母亲的救命钱啊!是母亲的命重要还是生意重要?

父亲说:"你娘一向要强,小毛病挺一挺就好了,我以为这次也没啥大问题,正好做小生意缺钱,就先拿去用了,谁知你娘的病竟一天比一天重了。"

存统内心有说不出的悲愤,想对着父亲发火,但从小一直受到孝道教育,即便对父亲有再多不满,他也不敢对着父亲大吼大叫。

他拿出十几块钱来给父亲,说:"我又借了些钱来,爹,我们带娘去看病吧。"

父亲说:"别浪费钱,你娘这病是看不好了,还是用这钱给你娘做寿衣吧。"

存统抱着母亲痛哭,母亲却突然哈哈大笑。

这一夜,存统在母亲的床边坐了一夜,泪水打湿了母亲的被子。

第二天,趁父亲不在,存绪又把母亲在病中受到父亲虐待的事告诉了哥哥——母亲病得神志不清,常常便溺在床,父亲便又打又骂,恨不能让母亲早日去死。他平日给母亲吃的都是冷硬的吃食,心里早就不把母亲当活人看了。存绪他们兄弟几个想弄点好的给母亲吃,父亲总是说,她反正要死了,吃啥都一样,没必要浪费食物。

存统越听越气,他不明白,父亲何以凉薄至此!

该不该当孝子

施存统的母亲徐氏，出生于金华城里的读书人家，施存统的外祖父和大舅舅都是秀才。母亲在娘家时也读过《女儿经》，识得一些字，爱看戏文。嫁到施家后，她辛辛苦苦养育四个儿子，又要种田，又要操持家务，没有过过一天清闲日子。施家世代务农，本是村里的首富，大家族老老小小有四十多口人。存统六岁时，祖父做主分了家，存统家只分到五亩薄田。父亲母亲把更多的时间花在了种田上，但一家人还是生活得很拮据，甚至有不怀好意的乡邻讥讽他们家不出三年就要靠当乞丐活命。母亲生性好强，听到这样的讥讽，更是终日终夜操劳不停。存统八岁时就知道心疼母亲，对娘说：“娘，你睡得晚，起得早，不要累坏了。”娘笑笑说：“娘不累，晚上能睡两三个时辰就行了。”家里有点好吃的，母亲从来舍不得自己吃，总是留给丈夫和儿子，有了病就扛着，舍不得花钱看大夫吃药。

存统幼时，受母亲影响很大。他是家中长子，母亲亲昵地叫他"呆子大儿"，闲时就讲忠孝节义的故事给他听。但若是儿子在外面调皮捣蛋，母亲也毫不手软，打他、责罚他，下手很重。每次打完，她都会对存统说：“打在儿身上，痛在娘心上，你以为娘愿意打你吗？娘是希望你将来有出息。"在小存统眼里，母亲守礼、正派、有骨气、讲道理，他爱母亲，愿意按母亲说的话去做，他想长大后考状元，为娘争气，也愿意按母亲说的，以曾夫子为榜样，"扬名声，显父母"，做一个"孝子"。

如今，目睹了父亲的所作所为，施存统对自己一直遵从的"孝道"产生了怀疑。父亲如此对待自己的结发妻子，他该不该怨恨父亲？他辗转反侧，心神不宁，几个问题一直在心头纠缠：我还是做孝子呢，还是不做孝子呢？我是还在家里呢，还是回校去？我要做孝子能做到么？我对于父亲要不要一样的孝呢？一样的孝是不是冲突的？我究竟怎么样孝法？我做孝子于父母有利么？我在家里看到母死就算是孝子么？我的父亲许我专看母病么？我能够忍得住么？

施存统被这些问题反反复复折磨着，痛苦不堪，想了三天，他终于想明白了。他要挽救母亲的生命，但这已经不可能了。待在家里等母亲咽气，这并不是孝。为了让和母亲一样的人不再遭受这样非人的折磨，他立志成为一个有用的人。他后来在《回头看二十二年来的我》一文中写道：

> 我想在社会上做一个很有用的人，我还要替社会做许多事情，我不能做家庭的一个孝子！我即使要做家庭一个孝子，也万万做不到，有人不许你做！我在这种环境，绝对没有做孝子的方法！我此时惟一的方法，只有硬着心肠回到学校里去！我不回到学校里去，不是气杀，一定要闷杀！气杀、闷杀，于父母都没有益处，于社会上去（却）少了一个有用的人！我要救社会，我要救社会上和我母

一样遭遇的人!我母已无可救,我不能不救将成我母这样的人!

他决定回学校去,回到浙江省立第一师范学校。学校里有思想开明的校长、老师,有志同道合的同学,一定会教会他怎样做一个对社会有用的人。

第四天清晨,存统含着泪,默默地向不省人事的母亲三鞠躬,带着对母亲的不舍和歉意,狠狠心离开了冷酷的家。

他知道邻居们会议论他,说他不孝,说他无情,说他忍心。他心想,我在母亲快死的时候离开家,不能不说是"忍心""无情",可我这个"忍心"却是由"很不忍心的心"中发出来的,我这个"无情"也是从"很有情的情"里生出来。我对母亲的不孝,是我想孝却无法做到。

《非孝》：一篇雷霆风雨之文

回到浙江省立第一师范学校后，濒临死亡的母亲，冷血无情的父亲，两张面孔时时在施存统的脑海里交替出现，他脑子里一直思考着一个问题：母亲快死了，自己不能给母亲尽孝，难道还要对冷酷无情的父亲尽孝吗？这礼教、这孝道合理吗？

事实上，施存统对礼教不合理的质疑，并非始于此事，而是始于阅读《新青年》，接触新思潮。

施存统是1918年秋天考入浙江省立第一师范学校的，入校不久，他就和俞秀松、周伯棣、朱赞唐等人成了好朋友。他们年少气盛，整日高谈阔论，要以孔孟之道挽回世道人心，其他同学笑称他们是"道学先生"。

1918年底，施存统看到《新青年》杂志上有陈独秀写的《复辟与尊孔》一文，觉得很新鲜，就拿来读，读了不到半篇，见陈独秀大骂孔子，把复辟的罪归于孔子，心中大怒，认为陈独秀无礼，不该诋毁万世之师，即弃书而走。过了几天，他忽然又心生好奇，要看看陈独秀究竟怎样骂法，于是又把《新青年》拿来看，等到看完全篇，仔细一想，又觉得陈独秀骂得有点道理。

刚接触《新青年》时，施存统只把这类文章当成文人翻案文章来读，而陈独秀，在他眼里只是一个刻薄文人。但他觉得读这类文章好玩，比看小说有趣。看着看着，施存统渐渐迷上了《新青年》，杂志传播的新思想也潜移默化进入他脑中，让他无形中受到了影响。他读到陈独秀撰写的驳康有为虚君共和的文章，大为赞同，觉得陈独秀真是一个很有学问的人，连康圣人都被他驳倒了！此后，施存统便自称成了《新青年》的"半信徒"，认定《新青年》所说的话，总是不错的了，对于经常在《新青年》上撰文的陈独秀、钱玄同、刘半农、胡适等人，更是佩服至极。

在浙江一师，施存统还遇到了非常赏识他的国文教师夏丏尊。在那个特定的年代，语文课堂成为新旧思想交锋的重要战场。在校长经亨颐的支持下，夏丏尊与陈望道、刘大白、李次九等国文教员一起，对国文教学进行了大刀阔斧的改革，废止读儒家经典，提倡读白话文，实施"爱的教育"和"人格教育"。施存统非常喜欢夏先生循循善诱的教学风格，对夏先生非常敬仰，上他的国文课便十分专心，国文成绩一直名列班级前茅。夏先生经常夸施存统文章写得有思想有特色，还经常把他叫到办公室谈话，勉励他，对他寄予厚望。与夏先生相处，施存统深切地感受到，自己的人格受到尊重，心灵得到关爱，这是他在父亲身上从来没有得到过的。

新思想潜移默化的浸染，探望母亲时受到的刺激，两相结合，强烈地驱使着施存统写点什么，否则他难以纾解心中块垒。拿起笔来，他一笔一画地写下十一个字，"我决计做一个不孝的儿子"，准备以此为题作一篇文章。写了三千多字，他觉得自己还没说到本题，就截取半篇，把题目改为《非孝》，准备先行发表。

《非孝》主要表达的观点是：

一、私有财产是万恶之源。假使共产的时候，有公共的医院，则吾母病起的时候，就可以入院治疗，何致有临死不明白什么病的事情？何致有小病变成大病的危险？何致有无人看护的痛苦？

二、家庭制度利用名分主义，不知造了多少罪恶！假使我和我父没有名分的关系，则对于我母的事尽可自由处理。现在有父亲拿名分关系从中作梗，便使你动弹不得！

三、"孝"是一种戕贼人性的奴隶道德。假使没有这种道德的束缚，吾父如此不当的行为，我一定要极力反抗，而平日父母子女之间，一定能够和和乐乐。

四、没有父母子女的关系，则无论何人都一样亲爱，生死病痛都随时随地有人照料，不必千百里外的人赶回去做。

以上四种觉悟，归根说一句，就是"改造社会非从根本改造不可"。所以我的非"孝"，目的不单在于一个"孝"，是想要借此问题煽成大波，把家庭制度根本推翻，然后从而建设一个新社会……人类是应当自由的，应当平等的，应当博爱的，应当互助的，"孝"的道德与此不合，所以我们应当反对"孝"。

文章写成后，存统拿给夏丏尊先生看。先生读后，击节称赞，说："好！你这是向旧制度和旧礼教狠狠地开了一炮！"

施存统又把《非孝》一文拿给俞秀松、周伯棣、傅彬然等一众好友看，他们都说这篇文章充满了反抗精神，一定会掀起轩然大波。

施存统说:"你们说对了,我这篇文章的价值就在于'反抗精神'四个字。"

彼时,俞秀松任主编的《浙江新潮》刚刚发行了创刊号,在进步知识分子和学生群体中反响良好。读了《非孝》一文后,俞秀松激动地说:"反抗旧制度,反抗旧文化,反抗旧礼教,这不正是五四运动的核心精神吗?存统,这篇文章一定能够一炮打响!"

1919年11月7日,《浙江新潮》第二期隆重推出了施存统的《非孝》。文章公开声明:"我决计做一个不孝的儿子!"呼吁为建设一个平等、自由、博爱的新社会,把家庭制度彻底推翻、摧毁!

这是向旧制度发出的呐喊,向旧礼教发出的檄文,如惊雷乍响,一鸣惊人,如巨石砸海,掀起千层巨浪。一时间,《申报》《晨报》《民国日报》等报纸对此发表了大量报道和评论,其中《申报》发了三十二篇,《民国日报》发了四十篇。年仅二十岁的施存统成了舆论的焦点,在新文化运动中崭露头角。

新文化运动的进步人士对《非孝》一文赞不绝口,评价甚高。《星期评论》主笔沈玄庐称《非孝》为一篇"雷霆风雨之文"。

以浙江省省长齐耀珊为代表的守旧者看到如此大逆不道之文,勃然大怒,立即以省公署的名义发文,要求查禁《浙江新潮》。得知《浙江新潮》拿到上海印刷,又动用各方力量对《浙江新潮》进行全面围剿,处罚了浙江一师的教师、学生,激起了学生的反抗,此谓新文化运动中有名的事件——"非孝"风波,继而又引发了"一师风潮"。

施存统的文章发表不到一月,他的母亲去世了。母亲去世时，他不知道，也没有回去。得知母亲去世的消息后，存统痛哭了一场，伤心之余，他决计"献身革命"，安心从事改造社会的活动。他说："我从前总有所挂念，总有所踌躇，如今反无后顾之忧了。"

法租界里的新青年

作为"非孝"风波的主角，施存统自然是站在风口浪尖，受到了反动当局的冲击，被迫退学。迫于无奈，他与俞秀松等同学一起，北上赴京参加工读互助团。工读互助团解散后，他又与俞秀松一道，于1920年3月27日来到了上海法租界，暂时居住在白尔路三益里十七号的《星期评论》社。

在《星期评论》社，施存统认识了戴季陶、李汉俊、沈仲九等人。当时的《星期评论》社是一个积极向上、充满活力的团队，十四名成员个个思想都很激进。施存统融入其中，深感自由和快乐。他也经常往法租界环龙路老渔阳里二号的《新青年》编辑部跑，去听陈独秀高谈阔论，针砭时事。受陈独秀、李汉俊等人影响，施存统阅读了大量马克思主义书籍，思想认识又有了新的提高。

4月，俞秀松经戴季陶安排去了虹口区厚生铁厂，一边做工，一边在工人中传播革命道理。施存统正患肺病，就留在《星期评论》社工作。

在当时的法租界，陈独秀主编的《新青年》，戴季陶等人主编的《星期评论》以及邵力子主编的《民国日报》副刊《觉悟》

是宣传社会主义思潮的三个主阵地。《民国日报》副刊《觉悟》上开辟的"随感录""诗""小说""剧本"等专栏,发表的文章清新别致,观点很新,常常令施存统赞叹。他也想把自己对社会的看法表达出来,《民国日报》副刊《觉悟》便成了他表达思想的阵地。从1920年4月开始,施存统陆续撰写文章,总结工读互助团的经验教训,参加废除婚姻制度问题的讨论,研究新文化运动。他和邵力子、陈望道、刘大白等人在《觉悟》上发表的随感录,与《新青年》杂志上的随感录你呼我应,互相配合,成为抨击封建主义、进行思想启蒙的重要武器,并形成了现代杂文的战斗风格。

1920年5月,陈独秀在环龙路老渔阳里二号成立上海马克思主义研究会,陈独秀为负责人,成员有李汉俊、俞秀松、施存统、沈玄庐、陈望道、邵力子、杨明斋等人。

1920年6月,陈独秀发起成立中国共产党发起组,俞秀松、施存统等人也是主要成员。

在中国共产党发起组的领导下,陈独秀委派俞秀松、施存统等人组建上海社会主义青年团。俞秀松、施存统等人召集了多名进步青年,商议建团事宜。

1920年6月6日,《星期评论》出版了五十三期后,被迫停刊。停刊后,戴季陶问施存统有何打算,施存统说:"我想留在先生身边,继续研究马克思主义,也可以像秀松一样,下到工厂,一边工作,一边在工人中做些工作。"

戴季陶说:"你的想法固然很好,但你的肺病还没治好,如何能入工厂?我倒建议你还是去日本吧。日本的自然环境有利于养病，而且堺利彦、山川均等人对马克思主义很有研究，我非常推崇。你可以在那里一边学习，一边治病。"

施存统说："先生的建议很好，但留学需要资金，我……"

戴季陶说："费用无须多虑，我可以资助。"

施存统心里感动，说："让先生资助，我无以为报，于心不安。"

戴季陶说："你养好身体，学成归来，就是最好的回报。"

隔日，戴季陶又替施存统介绍了日本友人，托他帮助施存统办理赴日留学事宜。

6月19日晚上，陈望道、沈玄庐、李汉俊、俞秀松、费哲民等友人去码头为施存统送行。站在轮船上，施存统看着生活了两个多月的上海，看着朝夕相处的朋友，依依不舍地挥手告别。

他的朋友费哲民为他写了一首送行歌《送存统赴日本》，其中写道：

静悄悄的地球，
南极到北极，
看不见一点自然界的美，
东洋、西洋，美在哪里？
你到扶桑去游，
是不是目的在求美？

红灼灼的花儿，
把金般的世界映得通红了。

你到了，排山倒海的革命潮，

好像挟着"血和泪"送你一程。

6月20日凌晨，汽笛长鸣，轮船缓缓驶离上海港。

两个月后，1920年8月22日，上海社会主义青年团在法租界新渔阳里六号成立，其时施存统正在日本治病，但因其对建党、建团贡献突出，团史上历来把他称为上海社会主义青年团八个创始人之一。

望道

寒暄一阵后,陈望道打开小皮箱,拿出一部手稿,这是他刚刚在老家浙江义乌分水塘村完成的《共产党宣言》翻译稿。

这部书稿,是《共产党宣言》的第一部完整中译稿。它的问世,像一把火种,让马克思主义在中国大地迅速播撒开来,推动着中国共产党的创立和建设,并成为早期共产主义者的信仰之基、力量之源。

1920年4月底,上海法租界白尔路三益里走来一位身着长衫、手提小皮箱的青年男子。他身材瘦削,结实精干,肤色黝黑,国字脸棱角分明,一头乌发梳得纹丝不乱,举手投足带着一股书卷气。

此人是陈望道,时年二十九岁。他是受《星期评论》社邀请,前来担任该刊编辑的。

进了石库门弄堂,他一边走,一边抬头看门牌号,走到三益里十七号大门前,他看到黑色的大门外有一块木牌,上面写着"《星期评论》编辑部"。他站定,屈起手指敲门。俄顷,有人开门,是陈望道在浙江省立第一师范学校的学生施存统。见到陈望道,施存统大喜:"是陈先生呀,刚刚还说起您呢,可把您盼来了,快,里边请。"他又朝着里屋喊道:"戴先生,沈先生,陈望道先生来了。"一时间,编辑部春意融融,问候声、欢笑声此起彼伏。

寒暄一阵后,陈望道打开小皮箱,拿出一部手稿,这是他刚刚在老家浙江义乌分水塘村完成的《共产党宣言》翻译稿。

这部书稿,是《共产党宣言》的第一部完整中译稿。它的问世,像一把火种,让马克思主义在中国大地迅速播撒开来,推动着中国共产党的创立和建设,并成为早期共产主义者的信仰之基、力量之源。

从分水塘到东京

浙江义乌西北部的大峰山脚下，有一个景致秀美的小山村，四面环翠，冈峦为障。村子边上，有一口小小的水塘，水源分两路，西北一路汇入浦江，东南一路流入义乌，滋润乌伤大地，村子便因"一塘分水"而得名，叫作分水塘村。

1891年1月，陈望道出生于义乌分水塘村一户耕读承传的富裕农家，系家中长子，原名陈参一。成年后，他立志探寻一条救国救民的道路，遂改名为"望道"。其父陈君元早年中过武秀才，是村里颇有声望的乡绅。陈君元治家甚严，在子女幼时，就要求他们"耕读并举"，必须下田劳动、学武术、上私塾。在父亲的严格要求下，少年陈望道在山村度过了平静而充实的耕读时光。

1907年，陈望道考入义乌县城的绣湖书院读书。期间，他受到"教育救国"思想的影响，仅读了一年书就回到老家，与村里志同道合的青年一起兴办村学，志在启蒙学童，"破除迷信和开发民智"。很快，他又认识到当时的中国唯有靠"实业"才能救国，于是，又在一年后离开分水塘村，前往位于金华的浙江省立第七中学求学。初到金华，陈望道看什么都觉得新奇。他发愤读

五四时期的陈望道

书，关心时政，尤其关注国家的基础建设，一听到哪里在兴修铁路、公路，就特别兴奋。在他看来，兴修公路、铁路是真正的实业救国。

在金华的学习持续了四年。期间，辛亥革命爆发，中国进入共和时代，陈望道为之振奋，但随即而来的袁世凯上台又使他失望至极。陈望道渴望出国深造，探寻一条救国之路。他最初的意愿是去欧美国家，因为他那时"以为欧美的科学发达，要兴办实业，富国强民，不得不借重欧美的科学"。1913年，陈望道来到上海一所补习学校学英语，后又考入杭州的之江大学专修英语和数学。

但陈望道最终打消了去欧美留学的念头，因为家里的经济条件根本无力支撑昂贵的留学费用。相对而言，去日本留学的费用要低廉得多，于是他决定去日本留学。

尽管已是退而求其次了，但父亲陈君元听到儿子想去日本自费留学时,仍然头摇得像拨浪鼓:"不成不成,出国留学,那大洋就是一畚箕一畚箕往外倒啊!"陈望道看了看父亲,又看了看四个弟妹,他知道家里的难处,但他心里已经有了目标,就不愿意轻易舍弃。他不和父亲对抗,只是默默地拿出笔墨,写大字。第二天,父亲起床就看到墙上赫然贴着儿子昨夜写的大字——"天生我材必有用,千金散尽还复来"。父亲不由得来了气:"什么意思?给我施加压力?"晚上收工回家,父亲一抬头,又看到墙上的这几个字,有些心动,想到这个儿子从小就上进,他有志向有抱负,并非坏事,父亲神色间便有些松动。再过两日,陈望道见父亲不似之前那般态度坚决,就跟父亲讲:"爹,我知道出国留学要花很多钱,我将来决不要家中一分田地和房产。"陈君元到底还是开明通达之人,最终同意了儿子的留学请求,狠狠心变卖了一部分田产,让儿子拿去付留学费用。陈望道留学期间,陈君元每次给儿子汇钱,想到家中田产是两代人省吃俭用好不容易置下的,如今一块一块变卖,总是忍不住落泪。

父亲的眼泪是无声的压力,时时刻刻都在提醒着陈望道:学习机会来之不易,要珍惜。1915年陈望道到日本后,先在东亚预备学校学习日语,后到早稻田大学法科、东洋大学文科和中央大学法科学习。当时的他,认为法科是万能的,是能"驾御时代"的。他如饥似渴地学习,在攻读法科的同时,也修习了经济、物理、数学、哲学、文学等学科。数十年后,陈望道担任建国后首任复旦大学校长,执掌复旦大学二十五年,其深广的学术根基便是在青年时期打下的。陈望道一生,以点薪传火者形象入世,以传道解惑的贤师形象终老,最终树立起学界泰斗的巍然形象,这在中共党、团创始人中，是仅有的。这与其虽登高"望道"但持重沉稳的性格有关，也与其无意权力、志在治学的志向有关。此乃后话。

当时的日本，是众多爱国青年接受进步思潮的大本营，置身其间的陈望道，自然而然地受到各类进步思潮的影响。他与众多爱国青年一道，试图从别国的成功经验里，寻找到一条可以借鉴的救国之路。

1917年，俄国十月革命的炮声震撼了世界，也给一切被压迫的民族送来了马克思主义。俄国革命胜利的喜讯，迅速传到日本，在当地产生了巨大的影响，也在中国留日学生中引起了强烈的反响。日本的一些著名进步学者纷纷翻译介绍传播马克思主义的理论。

留学期间，陈望道结识了日本著名进步学者、早期社会主义者河上肇、山川均等人，接触到马克思主义学说。河上肇对马克思的《资本论》有很深的研究，著有《贫乏谈》《社会问题管见》《唯物史观研究》《社会组织与社会革命》等。其《贫乏谈》1917年在日本《朝日新闻》上连载，一时洛阳纸贵。山川均则在日本亲身实践社会主义运动。他做过《平民新闻》的编辑，在东京组织过卖文社，担任过《新社会》的编辑。陈望道非常喜爱阅读他们翻译的马克思主义书籍和文章，很快接受了新思潮的影响，逐渐认识到救国不单纯是兴办实业，还必须进行社会革命。在他们的影响下，陈望道积极开展十月革命的宣传和马克思主义的传播活动，热烈向往走上十月革命的道路。

陈望道在日本留学的这段时期，是他人生的一个重要转折点。国际和国内革命斗争的现实,俄国十月革命成功的经验与辛亥革命失败的教训,深刻地教育了他,打消了他"实业救国""科学救国"的幻想。十月革命和马克思主义新思潮的影响,促使他在思想上有了一个飞跃,开始在激进的民主主义思想中产生了社会主义思想的萌芽。

浙江"一师风潮"

1919年7月,陈望道从日本中央大学法科毕业,获法学学士学位,同月回国。回到国内,途经杭州,他稍作停留,与浙江省教育会《教育潮》主编沈仲九会面。两人相交,始于编辑与作者之间的信函往来,彼此惺惺相惜。此番见面,两人谈时政、谈社会变革,十分相投。沈仲九赞叹陈望道有思想有学问,说:"改日我为你引荐浙江省立第一师范学校校长经亨颐先生,经先生开明爱才,一定很赏识你这样的青年才俊,你可以去一师当教员。"

隔日,沈仲九引着一位清瘦的中年男子来到陈望道入住的泰丰旅馆,给陈望道介绍说:"这位便是经校长子渊先生,子渊先生为人正直,善赋诗篆刻绘画。"

经亨颐比陈望道年长十四岁,当时已是浙江教育界举足轻重的人物,但面对初出茅庐的陈望道,丝毫没有架子。他神色谦和,娓娓谈起学校的教育目标,说他倡导"人格教育",主张把每个学生都培养成人格健全的公民;谈起前不久爆发的五四运动,对学生的爱国热情多有褒扬,主张积极推动此次运动。

陈望道心下折服,当即接受经校长的聘请,担任浙江省立第一师范学校国文教员。

陈望道到浙江第一师范学校任教时，五四浪潮冲击到了浙江省。他与一师其他进步教员一起，配合校长经亨颐，以学校为大本营，投身轰轰烈烈的反帝反封建的新文化运动。

陈望道还与夏丏尊、刘大白、李次九三位国文教员一起，锐意革新，倡导新道德、新思想、新文化，反对旧道德、旧思想、旧文化，提倡白话文、新文学，反对盲目崇拜，提倡思想解放。时人将他们四人称为浙江省立第一师范学校的"四大金刚"。他们宣传的新思潮，受到了学生的欢迎，也让思想守旧者们强烈不满。

在"四大金刚"和其他进步教员的影响下，一师学生施存统写了一篇题为《非孝》的文章，抨击封建礼教，遭到了顽固势力的猛烈攻击。因着师生关系，陈望道受到牵连，被戴上了"非孝、废孔、公妻、共产"的帽子。旧势力集团还称陈望道和经亨颐"离经叛道"，把他们当成攻击的目标。

《浙江新潮》遭到当局封杀，势态愈演愈烈，最终演变为近代浙江教育史上著名的"一师风潮"。时任浙江省教育厅厅长夏敬观下令查办陈望道等四人，撤换校长经亨颐，当局还派了几十名军警包围学校。浙江一师的师生们奋起反抗，全校教职员发出了挽留经校长宣言，并派代表到教育厅，要求其收回成命。为支援一师师生，杭州各校发动四千余名学生举行请愿游行，却遭到了军警镇压，几十人被打伤。随后，省公署又派军警七百余人包围了一师，想以武力解散学校，把学生押回原籍。杭州其他学校学生闻讯，纷纷前来援助一师师生。紧接着，其他城市，特别是北京和上海两大城市的学生也纷纷前来支援。《民国日报》《星期评论》等报刊发表评论声援一师师生，留日学生来电声援一师师生，梁启超、蔡元培等社会名流也来电指责当局暴行。

浩大的声势使顽固势力不得不有所顾忌，最终，经过中国银行杭州分行行长蔡元康先生（蔡元培之弟）的奔走调停，军警撤退，教育厅收回成命。

此事云散雨歇，但陈望道等人也被迫离开了浙江一师。

"一师风潮"使陈望道受到了极其深刻的教育，他意识到，他在一师进行的改革，仅仅是宣传文学革命，至于社会改革问题，只是涉及一些而已，就已被反动当局视为洪水猛兽，不惜大动干戈，可见"所谓除旧布新，并不是不推自倒、不招自来的轻而易举的事情"。

这件事还使他进一步看到，对待任何事情，不能简单地从新旧来判别是非："单讲'新'是不够的，应该学习从制度上去看问题。"他认为，如不进行制度的根本改革，一切改良措施都是徒劳无益的。

柴屋里翻译《共产党宣言》

陈望道回到分水塘村的家中不久，收到了上海《星期评论》社主编戴季陶的来信。戴季陶在信中表示非常钦佩陈望道先生的才识，请他帮忙翻译《共产党宣言》全文，译文将在《星期评论》上连载。

陈望道接到信后，颇有些踌躇。他知道，《共产党宣言》自1848年在伦敦出版以来，一直被视为共产主义者同盟的党纲。这部著作文辞华美、气势磅礴，将其译好并不是容易的事，连恩格斯也曾说过："翻译《共产党宣言》是异常困难的。"

此前，国内有过不少对《共产党宣言》的零星介绍。1899年，上海出版的《万国公报》引述过《共产党宣言》的相关内容，这是《共产党宣言》第一次以引文的形式，出现在中国。1906年，孙中山创建的同盟会的机关报《民报》上称"当世人以不知马尔克（即马克思）之名为耻"，宋教仁还摘译了《共产党宣言》片断，呼喊"万国劳动者其团结"。1919年，《每周评论》《晨报》都曾发表过摘译的《共产党宣言》。1919年5月出版的《新青年》第六卷第五号，是"马克思主义专号"，李大钊发表了《我的马克思主义观》，文中引用的《共产党宣言》部分章节，是他根据日本河上肇的版本翻译的。但尽管国内传播社会主义思想的高潮一浪接着一浪，完整的中译本却始终没有出现。

戴季陶曾购买过日文版《共产党宣言》，并有意将其翻译成中文。然而，翻译这部著作，要求译者有很高的综合素质，外语能力、汉语水平、马克思主义学说理论素养，三者缺一不可，戴季陶自忖功力尚欠。《星期评论》社在讨论编务工作时，多次称把马克思主义经典著作完整地译成中文"已是社会之急需，时代之召唤"，但是，请谁来翻译呢？

邵力子得知此事后，向戴季陶推荐了陈望道，并说道："能承担此任者，非杭州的陈望道莫属。"陈望道常为《民国日报》撰稿，邵先生素知其精通日文和英文，兼有扎实的马克思主义素养，又积极倡导新文化，白话文功底好。由他执笔翻译这部经典著作，可以说是不二之选。

陈望道思忖再三，决定迎难而上，接受挑战，便答应试译《共产党宣言》。

陈望道的译书工作是在家乡分水塘村的一间柴屋里进行的，条件非常艰苦。

柴屋因经年失修，四壁都是漏洞，破陋不堪。山区农村的早春，春寒料峭，夜间，寒风透过四壁的漏洞袭来，阴冷彻骨。柴屋里只安置了几件简单的用具，一块铺板，既当书桌又当床，另有两条长凳。为了专心译书，陈望道很少走动，就连一日三餐和茶水也由老母亲送来。长夜漫漫，只有一盏昏暗的煤油灯与他相伴。

陈望道的母亲见儿子夜以继日地埋头工作，日渐消瘦，十分心疼，特地弄来糯米，给他包了几个粽子，让他补一补身子。当地盛产红糖，老母亲将粽子端至柴屋时，还带去一碟红糖，让儿子蘸粽子吃。

过了片刻，母亲在屋外高声问他，是否还需要添些红糖，陈望道连连回答："够甜了够甜了。"过了一会儿，母亲进来收拾碗碟，只见他吃了一嘴墨汁，不禁哈哈大笑。原来他只顾全神贯注地工作，竟全然不知自己蘸了墨汁在吃粽子呢！

"真理的味道非常甜。"习近平总书记曾多次讲述陈望道在翻译《共产党宣言》时"蘸着墨汁吃粽子，还说味道很甜"的故事。

《共产党宣言》是共产主义运动的第一个纲领性文件，思想内容极其丰富、深刻，原文的语言文字也极为优美、精练，因此，要准确传神地译好《共产党宣言》，对翻译者是巨大的考验。对于陈望道来讲，他当时的困难还在于占有的参考资料极其有限，他只能依据日文本、参考英文本来试译。日文本由戴季陶提供，英文本则是陈独秀从北大图书馆借来的。

陈望道的译书工作极其严谨，每一个字都反复琢磨，每一段译文都反复推敲，真是到了"吟安一个字，捻断数茎须"的地步。不知攻克了多少难关，陈望道硬是"费了平常译书的五倍功夫，把彼底全文译了出来"。

1920年4月下旬，陈望道终于完成了《共产党宣言》的翻译工作，马克思主义著作的第一部中文译稿在分水塘村的这间柴屋里诞生了。

《共产党宣言》一书译成后，陈望道本想把译稿寄往上海，恰在此时，《星期评论》社发来电报，邀请他去上海担任该刊编辑。陈望道便提着皮箱，带着译稿，翻山进县城，兴冲冲地前往上海了。

《共产党宣言》中译本出版

法租界白尔路三益里十七号，是李书城、李汉俊兄弟的住处，同时也是《星期评论》社编辑部。陈望道在浙江省立第一师范学校的学生俞秀松、施存统于上月来到上海，也暂住在《星期评论》社，施存统帮着做些编务、撰稿工作，俞秀松受戴季陶指派，一半时间在厚生铁厂做工，一半时间在《星期评论》社工作。

《星期评论》是早期国民党人研究马克思主义的主要阵地，是孙中山先生指派戴季陶等人筹办的，于1919年6月8日正式创刊。在戴季陶等人的努力下，《星期评论》很快成了一份权威的激进刊物，与李大钊、陈独秀在北京创办的《每周评论》一起，被誉为"舆论界中最亮的两颗明星"。

《星期评论》的主要撰稿人为戴季陶、李汉俊和沈玄庐，时人称之为"三驾马车"。

《星期评论》社编辑部的三楼，有一个宽大的阳台，陈望道到达《星期评论》社的当天下午，就与戴季陶、李汉俊、沈玄庐、沈雁冰、李达一起，坐在三楼的阳台上交谈。

很多年后，陈望道还记得那天下午他们坐在阳光里交谈的情形，新磨的咖啡香气浓郁，萦绕着几张年轻的面孔，言辞间迸发的思想火花，与梧桐树萌发的新叶一起，在春日的阳光下闪闪发亮。

戴季陶与陈望道同年，都是浙江人，都有留学日本的经历，也都曾在日本受到过马克思主义思想的影响，因此一见面就有很多共同的话题。戴季陶言辞恳切地说：“孙中山先生电召我去广州，所以此番请你来，是想请你代替我负责编辑刊物。这本刊物是我一手创办的，我编了将近一年，是有感情的，突然让我离开，我真是舍不得啊。"说着，戴季陶大哭起来。

看着号啕大哭的戴季陶，陈望道颇感意外。若干年后，当他得知戴季陶对共产党人大开杀戒时，大为震惊，他很难把那个手上沾满共产党人鲜血的刽子手，和当年在《星期评论》社泪流满面的青年重叠起来。那时，他更无法预知，和他坐在一起交谈甚欢的浙江同乡沈玄庐，日后会成为心狠手辣的杀戮者，会剿杀一千多名共产党员。本来肩并肩一起行走的同行者，走着走着，就散了，走着走着，就走到了对面。历史时时变幻着它的翻云覆雨手，但不可否认，在各种思潮激荡震动的五四时期，国民党中的许多人是真心实意将马克思主义作为数次改革失败后的一种新思想加以研究和实践的。其中的佼佼者，如戴季陶、沈玄庐等人，不仅是当时众多马克思主义者的良师益友，其研学水平也不输给同时期的诸多马克思主义者。

当然，这些只是后来人的感慨，而处在1920年时光坐标里的青年们，正在热切地交谈着。他们志同道合，言语投机，都有救国救民的共同目标，都相信马克思主义能够指导中国的革命实践。

陈望道把《共产党宣言》翻译稿连同日文版、英文版图书交给戴季陶、李汉俊等人，请他们校阅。李汉俊校毕，陈望道又让学生俞秀松把译稿送去环龙路老渔阳里二号，请陈独秀校看。

李汉俊、陈独秀校看了译文，陈望道改定后，正准备将译稿交给《星期评论》连载，没想到《星期评论》社接到了停刊的通知。原来这本刊物的进步倾向早就被当局注意到了。1920年6月6日，这本发行量达十几万份、在全国广有影响的进步刊物被迫停刊。从创办到停刊，《星期评论》共出版五十三期，持续时间不到一年。

《星期评论》停刊后，原打算在该刊连载的《共产党宣言》也只得另择出版机构。当时最大的出版机构商务印书馆和中华书局出于政治考虑，无意出版此类进步书籍。陈独秀便与俄共（布）远东局海参崴分局外国处派出的全权代表维经斯基商议，决定以社会主义研究社的名义出版此书。维经斯基拿出两千元做经费，在辣斐德路成裕里（今复兴中路二百二十一弄）一个石库门里，租下一间房子建立了一个小型印刷所，取名又新印刷所，蕴含"日日新，又日新"之意。又新印刷所承印的第一本书便是《共产党宣言》。

1920年8月，由陈望道翻译，陈独秀、李汉俊校对的《共产党宣言》作为"社会主义研究小丛书第一种"正式出版发行。译本第一版为小32开竖排版，封面底色为红色，中间印有马克思半身坐像，封面上端从右至左注有"社会主义研究小丛书第一种"的字样，并标明是"马格斯安格尔斯合著、陈望道译"。由于疏漏，封面书名错印成了"共党产宣言"。该书出版后，大受欢迎，首版一千本很快销售一空。很多未买到书的读者纷纷写信给出版发行机构，询问哪里可以购买《共产党宣言》。9月，《共产党宣言》再版，加印一千册，书名纠正为《共产党宣言》，封面改为蓝色。

1920年9月30日，《民国日报》的《觉悟》副刊刊登了一则署名玄庐的短文，题为《答人问〈共产党宣言〉底发行》：

慧心，明泉，秋心，丹初，P.A：

你们来信问《陈译马格斯共产党宣言》的买处，因为问的人多，没工夫一一回信，所以借本栏答复你们问的话：

一、社会主义研究社我不知道在哪里。我看的一本是陈独秀先生给我的，独秀先生是到新青年社拿来的，新青年社在"法大马路大自鸣钟对面"。

二、这本书底内容，《新青年》《国民》——北京大学出版社——《晨报》都零零碎碎译出过几章或几节。凡研究《资本论》这个学说系统的人，不能不看《共产党宣言》，所以望道先生费了平常译书的五倍功夫，把彼底全文译了出来，经陈独秀、李汉俊两先生校对。可惜还有些错误的地方，好在初版已经快完了，再版的时候，我很希望陈望道先生亲自校勘一道！

短文中，沈玄庐以答读者问的形式发布新书广告，抬头的读者姓名均为沈玄庐自拟。

再版的《共产党宣言》也很快售罄了。此后，人民出版社、平民书社、上海书店、国光书店、长江书店、新文化书店等出版单位和不署单位名称者，大量出版印刷此书，有的书社重印了近二十次。

陈望道翻译的《共产党宣言》，是马克思主义经典著作第一次以完整形式在中国出版的中文全译本,让中国人民第一次看到了这本科学社会主义伟大历史文献的全貌,对于马克思主义在中国的传播,中国共产党的创立和建设及早期共产主义者的成长,都起到了极其重要的作用。

或许连陈望道本人也未曾料到,作为能够打开无数求索者思想、心扉的先进武器,他翻译的《共产党宣言》会在当时的革命青年和知识分子当中产生如此强烈的反响。一大批具有激进民主主义思想的仁人志士在它的熏陶和激励下,成为信仰马克思主义的革命者。

在1949年7月召开的中华全国文学艺术工作者代表大会上,时任中央军委副主席的周恩来遇见与会的陈望道时,紧紧握住他的手,当着在场代表们的面,笑呵呵地说:"陈望道先生,我们都是你教育出来的!"

陈望道翻译的《共产党宣言》中文全译本的初版

陈望道翻译的《共产党宣言》中文全译本的第二版

播火者

李汉俊对他们说:"马克思主义是择取方向时候的指南针。我们只要有这个指南针,就可以随时施设,应机修正,不至于死守盲撞。"

1918年岁末。

一艘从日本开来的巨轮,经过多日的海上航行,终于来到了吴淞口。船速开始放缓,海浪轻轻拍打着船舷,几只海鸥迎风飞舞,迎接着远航归来的游子。

李汉俊站在甲板上,眺望着港口的方向。越来越接近的,是即将抵达的岸,是摩登而陌生的上海,是阔别多年的祖国。他的视线渐渐模糊,说不清是因为江上的雾气,还是因为奔涌而出的热泪。

1904年,李汉俊第一次踏上前往日本的轮船。年仅十四岁的他,紧紧跟在兄长李书城的身后,怯生生地打量着陌生的世界。轮船、大海、都市,在少年的眼中是迥异于家乡潜江的崭新天地。在日本和祖国之间往返几次后,十四个春秋倏然而逝,沉潜在眼底的,是日月轮换刻下的年轮,是与眼界和格局伴生的自信和勇毅。这次去日本时,他只带了一个小箱子,装了几件换洗衣服。如今归来,行囊里装满了日文、英文、德文版马克思主义书籍和报刊。这是他十多年去国怀乡取回的真经,也是他日后在中国大地播撒的马克思主义火种。

一声汽笛,穿透云层,在黄浦江上空久久回响。上海到了。

在上海,李汉俊随兄长李书城居住在法租界霞飞路新渔阳里六号,这是他来到上海后的第一处寓所。李汉俊在上海生活、工作了三年多,在法租界先后换过三处寓所,其中的霞飞路新渔阳里六号如今是中国社会主义青年团中央机关旧址纪念馆,白尔路

望志路一百零六号（今兴业路七十六号）中共一大会址纪念馆

三益里十七号是当年国民党宣传社会主义思潮的主阵地《星期评论》社社址，望志路一百零六号（今兴业路七十六号）如今是中共一大会址纪念馆——1921年7月，中国共产党第一次全国代表大会就在此处召开。

漫长的留学生涯

李汉俊1890年4月出生于湖北潜江坨埠垸袁桥村，原名李书诗，字人杰，号汉俊。父亲李金山是郁郁不得志的读书人，参加科举屡试不第，三十八岁才中了秀才，在乡间当塾师谋生，清贫度日。李金山共生了七个孩子（三子四女），长子书麟早夭后，他把全部希望寄托在次子书城和三子汉俊身上，希望书城长大后学习军事，汉俊学习工商业，一个保家卫国，一个实业兴邦。

年长八岁的兄长李书城是汉俊从小膜拜的偶像。汉俊八岁那年，十六岁的书城中了秀才，一时名动乡里。为图吉利，家人在书城的辫子上扎了一根红绒线，乡邻们便叫他"红绒线的小秀才"。那根晃来晃去的红绒线小辫时时牵引着小汉俊欣羡、自豪的目光，他喜欢追着二哥跑，二哥到哪，他跟到哪，一边跑一边喊"二哥，二哥"，恨不得告诉所有人："那是我二哥。"1899年，李书城离开家乡，到了省城武昌，进入张之洞创办的经心书院读书。书院开一代新风，设有西方近代教育等课程。在浪奔涛涌的长江边上，西方民主思想的种子开始在少年李书城的头脑中萌芽。他更大的收获，是在求学期间结识了一批志同道合的挚友，其中包括著名的爱国将领吴禄贞。

李书城　　　　　　　　李汉俊

1902年5月，二十岁的李书城被选派到日本留学。与他同时入学的有黄兴等三十人，他的同班同学有浙江籍学生周树人（鲁迅）等。

李汉俊眼泪汪汪地送走了二哥，从此，日本这个陌生的国度成了他最向往的地方，二哥从日本寄信来，也成了汉俊最大的期盼。

李书城也是打心眼里疼爱着弟弟，课业之余，他想得最多的是家中的弟弟。看到身边的低龄留学生，他总会情不自禁地想：如果弟弟也能出来开开眼界该多好。但，他也只是想想而已，他知道，家里根本拿不出供弟弟出国留学的钱。

李书城到日本，先是进了东京弘信学院速成师范学习，后来又转入日本陆军士官学校学习。1902年，他结识了孙中山先生，从此开始投身革命，并成为同盟会创始人之一。他和友人组建湖北同乡会,创办了《湖北学生界》(后易名为《汉声》),宣传反清、爱国的民族思想。不久,他回到国内成立了武昌花园山反清革命活动机关。

1904年初,李书城得友人吴禄贞资助,准备第二次东渡日本留学。临行前,李书城委婉地提出,希望弟弟汉俊也有机会去日本留学。吴禄贞豪爽地一挥手,说道:"这有何难?把汉俊带上,钱我来出。"于是,十四岁的李汉俊,便跟随兄长李书城,一起东渡扶桑。这一年,中国赴日留学生浩浩荡荡,竟有五千余人之多,仅湖北省就有四百二十人。

初到日本,尽管语言不通,饮食习惯不同,但李汉俊很快就适应了新环境。有二哥这棵大树为他遮风挡雨,所有困难都会迎刃而解。他先入明治法律学校(明治大学前身)附属经纬学堂就读,这是专门为朝鲜和中国留学生开设的法政速成类学校,设有刑律科、警务科等。七个月后,他又入晓星中学读书,这是法国天主教会创办的五年制私立男子中学,除要求学习日语外,还要学习法语、英语,课本大多为法文。多年以后,李汉俊才意识到,当年在日本打下的外语基础,是他日后在中国传播马克思主义的重要倚仗。凭借着扎实的外语功底,他翻译了《马格思资本论入门》等大量马克思主义著作,帮助陈望道校对了《共产党宣言》中文全译本,还协助李达翻译了《唯物史观解说》。在中共一大召开期间,面对突然闯入的法警的盘问,他以一口流利的法语从容应对,最终化险为夷,使与会者得以安全转移。

平日里,李汉俊和二哥李书城住在一起,二哥与革命者往来、交谈也不避着他,渐渐地,他捕捉到了他们言论中闪烁的民主自由的光芒。资产阶级思想以耳濡目染的方式熏陶着成长中的李汉俊。

1910年3月,李汉俊以优异的成绩从晓星中学毕业。

中学毕业后,李汉俊没有马上进入高等学校,而是回到了阔别多年的祖国。在国内,他不仅亲身感受了辛亥革命的风云起伏,还经历了1911年11月资助他的吴禄贞被袁世凯派人暗杀的事件。这段经历,对他以后的人生之路和民主革命思想的形成产生了很大的影响。

民国政府成立后,李汉俊以公费留学生的身份继续赴日留学。1912年9月,李汉俊进入日本第八高等学校(大学预科)读工学科。1915年6月毕业后,他考入东京帝国大学土木工学科。

进入东京帝国大学后,李汉俊的成绩一落千丈,究其原因,与一场大火有关:入校后第一次考试时,李汉俊居住的栈房突然失火,他的书籍笔记被焚烧殆尽,考试成绩自然大受影响,日后的学习也受到了波及。首次考试给老师的糟糕印象让老师形成了固定思维,即便后来李汉俊再努力也没能扭转老师的想法。大学期间,李汉俊的成绩始终仅仅维持在及格线上。

但李汉俊并没有因此受挫,因为他的学习兴趣已经从实业救国转向了寻找先进的思想利器。彼时的中国,正处于近代历史转型期,虽然已经改朝换代,建立了中华民国,但国破家亡的状况非但没有改善,反而日益加重。袁世凯复辟帝制、府院之争、张勋复辟、南北战争……内乱迭起,搞得国将不国,这在留日学生中掀起了阵阵狂涛。"光我神州完我责"的豪情在学子们胸中激荡,如何救亡图存成了他们时常激烈讨论的话题,各种主义、各种救国方案都在这群年轻人心中掀起了狂澜。他们苦苦思索、寻找着救国之思想利器。

而此时的日本,正处于社会激烈动荡的大正时期(1912—1926)。日本通过日俄战争确立世界强国地位,日本国民民族意识增强,但日本国内军国主义横行,潜在的社会矛盾也开始日益激化。在思想上,人们单纯地崇拜西方的热情明显衰退,国粹主义也失去了根据,人们迫切需要找到一种根植于日本社会现实的独立文明。在寻求新思想的过程中,社会主义运动风起云涌,马克思主义在日本迅速得到传播。

受到世界新思潮的影响,李汉俊逐渐认识到,光靠工商业是不可能富国强兵的,要想富国强兵,首先须打破"如铁似茧重重层层包围"着的黑暗环境。他的脑海里有了要进行社会革命的朦胧思想。

在东京帝国大学就读时,李汉俊遇到了帝国大学经济部教授、日本著名的马克思主义经济学者河上肇先生。在河上肇的影响下,李汉俊逐渐转变为马克思主义者。他对当时西方流行的社会主义思潮十分留心,对马克思主义在世界各国的发生和发展,更是悉心观察。

在日期间,李汉俊还结识了戴季陶和沈玄庐,引为好友,多年后,他们一起成为进步刊物《星期评论》的编辑和主笔。

他是"我的马克思主义老师"

黄包车把李汉俊带到法租界霞飞路五百六十七弄弄堂口,李汉俊走进弄堂,只见石库门弄堂里的建筑还很新,红的墙,黑的瓦,颇有些怡然自得的市井气。弄堂里前后房屋间隔很小,邻里之间气息相闻。霞飞路近在咫尺,但一走进弄堂,喧嚣止息,竟是一方闹中取静的难得天地。新渔阳里六号在弄堂的深处,大门上写着"惟德是辅"四个大字;院子很小,走几步就到了客堂;两层小楼精巧别致,算不得宽敞,但规规整整,倒也舒适。

李汉俊对此处的居住环境挺满意,闲暇时便去霞飞路走走,或者去弄堂对面的湖北善后公会坐坐,跟湖北老乡聊上几句。某一日,他正坐在善后公会喝茶,忽听得有老乡在大声招呼——"詹先生来了,快里边请。"

随即,一名男子走了进来,有老乡给李汉俊介绍说:"这是詹大悲先生。"

李汉俊早就听闻过詹大悲的大名,知道此人经历非凡,胆识过人。1911年7月,詹大悲在他担任主笔的《大江报》上刊登署名文章《大乱者救中国之妙药也》,为此被清政府逮捕。詹大悲在法庭上据理力争,其激辩之机智,陈词之慷慨,令旁观者大为倾倒，由此名声大噪，成为全国闻名的新闻人物。辛亥革命后，他在汉口成立军政分府。汉口失守后，他东走九江、上海从事革命活动。1914年，他在日本成为孙中山新成立的中华革命党的第一批成员之一。1915年，他回国，准备回湖北策动反对袁世凯的武装起义，不幸在上海被捕，直至袁世凯死后才获释。之后，他去了广州参加护法运动，但护法运动屡屡受挫，他无奈之下来到上海，重新思考革命的道路究竟应该如何走。

李汉俊与詹大悲一见如故，一聊又发现两人在新渔阳里比邻而居，彼此便多了些亲近。从此，两人便常在一起谈天说地，聊时事，聊正在日本风行的社会主义运动和马克思主义思潮。两人还合作翻译了日本佐野学作的《劳动者运动之指导原理》，发表在上海《民国日报》副刊《觉悟》上。

某日，两人一起喝酒，詹大悲趁着酒兴，说道："汉俊，你虽年龄比我小，但你对马克思主义的认识，我佩服得很。来来来，敬你一杯。你我投缘，我真想学古人与你结为异姓兄弟，不求同年同月同日生，但求同年同月同日死。"汉俊哈哈一笑，端起酒杯一饮而尽。没想到，酒后戏言，竟然一语成谶。此乃后话。

冬去春来，法租界里梧桐披了新绿，街心花园中鲜花争奇斗艳。这一日，詹大悲兴冲冲地叫上李汉俊来到湖北善后公会，说要给他引见老乡。进了善后公会，詹大悲熟门熟路地走进一个房间，指着两名三十多岁的男子，给李汉俊介绍说："这位是董贤琮（董必武原名贤琮，号壁伍，"必武"是他成为马克思主义者后，以号代名的谐音。为方便阅读，本书统一用"必武"）。武昌起义的时候，贤琮从家乡赶到省城，参加了汉口保卫战。从那时起，我俩就

詹大悲

成了并肩战斗的好兄弟。这位是张兄国恩。"

四位湖北老乡在他乡相遇，聊得畅快。之后，他们几乎天天见面，讨论匡时济世的良策。李汉俊向他们介绍十月革命和苏俄的情况，将一些马克思主义书籍和日本进步杂志如《黎明》《改造》《新潮》等推荐给他们。董必武等人虽一时看不甚懂，但听着李汉俊讲解，竟也入心入脑，对马克思主义的理解和认可日益加深。

李汉俊对他们说："马克思主义是择取方向时候的指南针。我们只要有这个指南针，就可以随时施设，应机修正，不至于死守盲撞。"他后来把这个形象的比喻写进了《自由批评与社会问题》一文。不知不觉中，李汉俊俨然成了他们的中心，成了他们马克思主义的指路人。董必武后来多次回忆说："李汉俊同志是我的马克思主义老师。"

经历过五四运动的洗礼后，李汉俊他们看到了进步学生、人民群众身上蕴藏的革命力量，备受鼓舞。中国该往哪里走？中国

播火者 | 107

的前途在哪里？这是他们经常挂在嘴边、放在心上的问题。

法租界的生活成本无疑是高的，没有固定经济来源的詹大悲、董必武等人日渐拮据，最艰难的时候，他们靠詹大悲典当衣服、蚊帐度日，有时两人只能轮流穿一件长衫。李汉俊虽自己也并不富裕，仍竭力接济他们。

但如此饥一顿饱一顿总不是个事，董必武便和张国恩商议："我们还是回武汉去吧。我们回武汉创办一份报纸，反映民生多艰，替老百姓说话，还可以用来传播马克思主义。"张国恩很赞同董必武的提议，说："行，我也很想回武汉去。我看我们的报纸就取名叫《江汉日报》吧。"孙中山先生知道他们的想法后，夸赞他们的设想很好，还给了他们一百元钱做启动资金。1919年8月，董必武拿着孙中山先生给的一百元经费回到家乡，花四十元印刷了股票、章程、宣言等等，每日东奔西走、左右游说，筹集资金。但筹款并非易事，筹集多日，收获了了，董必武眉头紧锁，一筹莫展，无奈之下只得搁浅了办报计划。办报不成，董必武和张国恩又准备从改造湖北教育会和办学校入手，推动社会改造。但是严酷的现实，使他们的报国愿望再次受挫。董必武深感彷徨和焦虑，于是写信给李汉俊，述说报国无门的苦闷——虽然李汉俊比自己小几岁，但董必武心中却是真正把他当作自己的马克思主义老师的。

李汉俊收到来信，心情也很沉重。他知道，董必武他们遇到的阻力，正是革命遇到的阻力。该如何冲破这重重阻力呢？他陷入了沉思。思考多日后，李汉俊给董必武写了一封长达一万五千字的回信，阐述了他对改造社会的意见。这封长信后来以《改造要全部改造》为标题，发表在1920年1月出版的《建设》月刊第一卷第六号上。杂志加了编者按："这篇本来是李君答朋友的一封信，因为这个问题是现在一个很重要的问题，所以李君答应本社拿来发表……我们希望社会上对于这个问题，多加一点注意，来研究解答他。"

在信中，李汉俊试图通过总结人类社会发展的历史，寻找造成黑暗社会的病根。他认为人的本性、自然性原本是透明的，虚无的，所谓善恶都是不合理的环境造成的，这使人类社会生出许多"强者""圣人"。他们制造出制度、道德、法律，设下束缚人思想的种种圈套，破坏人的本性、自然性，禁锢人们的思想，因而生出许多罪恶。他说中国社会长期停滞不前的原因，就是思想没有解放，不敢怀疑、冲破统治者设下的圈套。

《星期评论》

晚年董必武

而欧洲宗教革命、日本明治维新之所以推动欧洲、日本社会产生巨大进步，就是因为敢于怀疑传统思想，敢于突破思想上的种种圈套。因此中国必须开展一场思想启蒙运动，冲破"如铁似茧重重层层包围"的环境，这样社会才能进化。他还批评了各种错误的救国设想，指出改造中国的根本之途。五四运动以后，广大知识分子围绕革命还是改良的问题，对社会改造的道路展开了激烈的辩论，其中调和主义和教育救国论有相当的市场。李汉俊通过辛亥革命、二次革命的失败，说明中国不能实行调和主义，只能革命。他一针见血地指出："我们湖北不只教育会糟，因为湖北全部糟，才能容教育会糟；我们中国不只湖北糟，因为中国全部糟，才能容湖北糟。我们现在要救中国，只有大破坏、大创造、大破坏！！！大建设！！！"

　　李汉俊的信像一道雷电，瞬间击中了董必武的头脑。他反反复复读李汉俊的来信，越读越觉得有道理。是的，当前这个社会已经糟透了，改良主义的小修小补根本无济于事，必须进行彻底的革命。革命要取得成功，必须掌握先进的思想武器，在当前，还有什么比马克思主义更有力量的思想武器呢？这封信也让董必武真正树立起了对马克思主义的信仰。他后来在回忆录中写道："当时社会上有无政府主义、社会主义、日本的合作运动等等，各种主义在头脑里打仗。李汉俊来了，把头绪理出来了，说要搞俄国的马克思主义。"从此，他成了"遵从马列无不胜，深信前途会伐柯"的共产主义者。

　　在1919至1920年的中国思想界，李汉俊是最先进立场的代表人物之一，受其影响的人很多，董必武只是其中一位。

成为《星期评论》社的主笔之一

李汉俊在新渔阳里六号入住半年后,某一天,有客来访,来者是李汉俊在日本结识的友人戴季陶。

戴季陶,名传贤,号天仇,1891年1月出生于四川广汉,1905年东渡日本留学,1911年加入同盟会。在李汉俊眼中,戴季陶是学养深厚、思想深刻的人。两人在日本时多有来往,戴季陶曾向李汉俊坦露心迹,说起自己刚从偏远闭塞的四川农村到日本,看到日本社会经济文化如此发达时内心的讶异与震撼。在日本的几年间,戴季陶并没有闭门读书,而是利用一切机会和日本社会各阶层接触,一心渴望学到日本的先进经验。他对日本的了解越深入,钦佩之心也越深切。反观大清,与日本先进文明两相对照,越发显得腐朽落后。他把自己的思考写了一本书,书名叫《日本论》。后来他曾自夸,"昔年我自信唯一了解日本情况的人便是我"。结识孙中山先生后,戴季陶成了孙中山最坚定的追随者和最得力的助手。1913年2月,孙中山出访日本,戴季陶作为孙中山的日语翻译和机要秘书,参与了孙中山在日本的一切重要活动,因而对日本政坛内幕了如指掌。1918年5月4日,因桂系军阀操纵国会,孙中山受到排挤,愤然宣布辞去大元帅之职,在戴季陶的陪同下,于21日离开广州来到上海。

故人重逢,分外亲近。戴季陶与李汉俊互诉别后的经历,谈起时政,也颇为忧虑。戴季陶对李汉俊说:"我此次来访,是想邀请你担任《星期评论》的编辑。"

戴季陶随即向李汉俊介绍了《星期评论》创办的缘由。

五四运动爆发后,孙中山先生满怀豪情,高度评价和赞扬群众爱国运动,说道:"五四以来,全国学生之奋起,何莫非新思想鼓荡陶镕之功。"又说:"一般爱国青年,无不以革新思想,为将来革新事业之预备。于是蓬蓬勃勃,抒发言论。"他认为,在这个时期,各种刊物"扬葩吐艳,各极其致,社会遂蒙受绝大之影响……此种新文化运动,在我国今日,诚思想界空前之大变动。推其原始,不过由于出版界之一二觉悟者从事提倡,遂至舆论放大异彩,学潮弥漫全国,人人皆激发天良,誓死为爱国之运动"。同时,他也认识到,"欲收革命成功,必有赖于思想之变化","欲图根本救治,非使国民群怀觉悟不可"。

新文化运动的深入进行,加深了孙中山对启迪民众思想的重要性的认识,于是指派戴季陶等人筹办《星期评论》和《建设》杂志,旨在"激扬新文化之波澜,灌溉新思想之萌蘖,树立新事业之基础,描绘新计划之雏形"。

1919年6月8日,《星期评论》创刊号正式亮相,办刊宗旨为:介绍世界大势与思潮,唤起不满社会现状的青年,使他们能够了解该打破的是哪些,该解放的是哪些,该建设的是哪些。它以"天下为己任"的主人翁态度,宣称"世界是我们的世界,国家是我们的国家",对"人的究竟、国家的究竟、社会的究竟"

沈玄庐　　　　　　　　　戴季陶

都要进行"彻底的思索",将自己"切实的主张"发表出来,"以供天下人研究,求天下人批评"。

戴季陶还向李汉俊介绍,《星期评论》的另一名主笔是沈玄庐,也是李汉俊在日本时结交的故人。

沈玄庐是浙江萧山县人,1883年出生,比戴季陶和李汉俊年长几岁,留学日本时先后加入光复会及同盟会,1916年从日本留学回国后,曾当选为浙江省议会会长。五四运动后,应戴季陶之邀,一同在上海创办《星期评论》。

听完戴季陶介绍,李汉俊欣然同意担任《星期评论》编辑。

《星期评论》创刊初期主要宣传孙中山的思想,两个月后,由于李汉俊的加盟,刊物转向以宣传马克思主义为主,成为五四时期传播马克思主义的主要刊物。

1919年8月17日,李汉俊以"先进"为笔名,在《星期评论》第十一号上发表文章《怎么样进化?》,宣传马克思主义唯物史观,引起了思想界的热议。很快,李汉俊成了《星期评论》的主笔,并与戴季陶、沈玄庐一起,被时人称为《星期评论》社的"三驾马车"。

李汉俊从日本回国时,带回了大量英文、德文、日文版马克思主义书籍和报刊。成为《星期评论》的主笔后,他以极大的热情翻译和撰写宣传马克思主义的文章,并以李漱石、李人杰、人杰、汉俊等笔名在《星期评论》上发表了三十八篇。在文章中,李汉俊热情称赞马克思学说是现在理论的最高成就,对后进的中国"实在是最美满的天赐品"。

在李汉俊及其同道的推动下,马克思主义成为新文化运动的主流思想。这种从"西化"到"师俄"的范式转换,是救亡运动的必然结果,使中国文化在走向现代化的过程中保持着一定的认同和价值选择。马克思主义在与中国革命实践和本土文化相结合的过程中,产生了具有强大生命力的崭新理论形态,是中国思想发展史上的一次史无前例的革命,构成了中国文化现代化的主体。

在李汉俊、戴季陶、沈玄庐等人的努力下,《星期评论》的影响力越来越大,销量从创刊时的一千份,逐月攀升,最多时达到了十多万份。许多进步团体将《星期评论》列为向青年推荐的主要杂志之一。浙江省立第一师范学校共有师生四百余人,订阅的《星期评论》便有四百余份,几乎人手一份。许多读者给编辑部写信,称赞《星期评论》是中国宣传进步思想最有力量的刊物之一。不少年轻人受到《星期评论》的影响，走上了革命道路。1946年夏，周恩来同美国记者李勃曼谈起自己的经历时，说道："《星期评论》《新青年》和《每周评论》都是进步刊物，对我的思想有许多影响。"

除了给《星期评论》撰稿外，李汉俊还经常在《新青年》、《民国日报》副刊《觉悟》和《妇女评论》《建设》《劳动界》《共产党》《小说月报》等报刊上发表文章。从1919年到1922年他离开上海的这段时间里，他在《星期评论》《新青年》《共产党》等刊物上发表的传播马克思主义的文章和译文多达一百多篇。他是当之无愧的马克思主义在中国的启蒙者之一。

"世界新开"

1920年元旦,上海《星期评论》周刊发表了新年宣言《红色的新年》。

(一)一九一九年末日的晚间,

有一位拿锤儿的,一位拿锄儿的,黑漆漆地在一间破屋子里谈天。

…………

(四)他们俩又一齐说:

"唉,现在我们住的、着的、用的、吃的、喝的、抽的,都没好好儿的!

我们那些锤儿下面作的工程,锄儿下面产的结果,那儿去了!"

(五)冬!冬!!冬!!!

远远的鼓声动了!

一更!二更!好像在那儿说:工!农!

劳动!劳动!!

不平!不平!!

不公！不公！！

快三更啦！

他们想睡，也睡不成。

（六）朦朦胧胧的张眼一瞧，

黑暗里突然的透出一线儿红。

这是什么？

原来是北极下来的新潮，从近东卷到远东。

那潮头上拥着无数的锤儿锄儿，

直要锤匀了锄光了世间的不平不公！

…………

这红色的年儿新换，世界新开！

1920年的中国，北洋政府依旧在割据、动乱中统治中国。上海租界里的洋人们正沉浸在跨年的兴奋中。社会民众刚刚经历疾风骤雨般的五四运动，精神创痛尚未抚平。新兴的知识分子处于危局之中，感受着理想与现实的强烈反差，苦心探索着中国的出路，发出了红色新年"世界新开"的呐喊。

"世界新开"的呐喊正是李汉俊的心声，他既是"世界新开"的热烈祈盼者和呼吁者，也是务实的实践者和推动者。他不遗余力地传播新思想，唤起民众的觉醒，他热情地宣传马克思主义，把思想武器交给民众。他以实际行动迎接新世界的到来。

1920年2月，李汉俊与兄长李书城迁往法租界白尔路三益里十七号居住，戴季陶成了新渔阳里六号新的承租人。《星期评论》社的总发行及编辑部从爱多亚路新民里五号搬到了李汉俊与李书城的寓所。

同月，陈独秀回到上海，《新青年》编辑部也随之回到上海。《新青年》与《星期评论》，舆论界的南北执牛耳者有了地理和思想的交集。

1920年6月6日，在上海租界工部局和军阀政府的强行干涉下，《星期评论》被迫停刊。但《星期评论》社并没有停止战斗，在6月7日刊发的《〈星期评论〉刊行中止的宣言》中，李汉俊等表示，他们将专心致志于"刊行有研究价值的关于社会主义的书籍"，"我们生存一天，一定是为改造社会尽力一天"。

李汉俊传播马克思主义的热情也丝毫未受影响，他继续以《新青年》、《建设》、《民国日报》的《觉悟》副刊等进步报刊为阵地，热情宣传马克思主义。李汉俊的马克思主义理论水平，在当时具有共产主义思想的知识分子中也是出类拔萃的。共产国际代表马林后来评论李汉俊时，称他是中国共产党创建时期"最有理论修养的同志"。

马克思主义在中国的初步传播给中国共产党的成立提供了思想条件。1920年5月，陈独秀发起成立组建了秘密团体马克思主义研究会，李汉俊是研究会骨干成员之一。同年6月，中国共产党发起组成立，共有成员十七名，陈独秀是书记，李汉俊是重要成员之一。1920年8月15日，李汉俊与陈独秀一起创办了我国第一个工人阶级周刊《劳动界》。1920年8月22日，上海社会主义青年团成立，李汉俊是八名发起人之一。1920年9月1日，《新青年》改为中国共产党上海早期组织机关刊物，李汉俊是编辑部主要成员之一。1920年9月，上海外国语学社成立，李汉俊担任教员。

可以说，在建党前夕，在中国共产党上海早期组织的一切重要活动中，李汉俊都是重要参与者。中国共产党上海早期组织创办的一切宣传机构，均与李汉俊有着密切关系。他或者是刊物的主编，或者是主要撰稿人。这些宣传阵地，正是在陈独秀、李汉俊、李达等具有初步共产主义思想知识分子的共同努力下，展现出光彩夺目的理性光芒。也正是有了李汉俊这样的先驱者以及无数接力者，马克思主义的火种，才能迅速传遍神州大地。

一个新世界即将打开，一个伟大的政党即将诞生。

共产主义马前卒

在走到人生终点的时候，他给自己的一生做了总结，称自己是"五四运动急先锋，共产主义马前卒"。

他的眼前，再一次闪现出上海法租界石库门弄堂里的新渔阳里六号，看到那一张张被信仰的光芒照亮的年轻面孔，而他，正奔赴在与他们相会的路上。

1920年7月。上海法租界。

正是上海最热的季节，太阳再不是温暖和煦、平和宽容的模样，怒火冲冲地发着威，空气燥热难当，尤其是午后，弹格路上的一地阳光，热得让人跳脚。摩登的太太、小姐，平日里爱撑着小伞，在法租界里婀娜地走走停停，遇到如此猛烈的太阳，便也老老实实待在家里歇午觉。梧桐树上的知了，有气无力地嘶叫着，一阵响，一阵歇，抗议似的。

陈独秀坐在上海法租界环龙路老渔阳里二号楼上的书房里，一边摇着扇子，一边奋笔写着什么——午后无人打搅，他抓紧时间写文章。

妻子高君曼轻轻地踩着楼梯，上楼来告诉他："先生，您在北大的学生袁振英来了。"

"噢，振英来啦？他不是去国外了吗？"陈独秀有些意外，又有些欢喜，赶紧下楼去。

客堂里，一个身穿白衬衫的青年站得笔直，眉眼之间透着聪颖和自信，一头黑发梳得整整齐齐，定了型一般。大热的天，他长袖衬衫袖口的纽扣认认真真地扣着，西装裤熨得笔挺。看到陈独秀，青年微微鞠躬，嘴角含笑，叫道："陈先生好！"

陈独秀一把握住青年的手，高兴地说："振英啊，两年不见了，没想到能在上海见到你！快坐下，跟我说说这两年在国外的见闻。"

在校期间撰写《易卜生传》

袁振英是陈独秀在北京大学时的学生,但他初见陈独秀时,却不似今日这般恭敬谦逊,相反,作为班长的袁振英,还曾因一名教师的聘任问题,率领班级同学向陈独秀申诉,并扬言如果不撤换该教师,就带领全班罢课。两人之间,可谓不打不相识。

袁振英从小就是学霸,即便在人才济济的北大,他依然是出类拔萃的。他1894年7月出生于广东东莞县温塘乡,父亲袁居敦曾中过县学(秀才),一辈子以教书为生。1905年科举制度被废除后,私塾不复存在,袁居敦便前往香港谋取教职。十一岁的袁振英跟随父亲前往香港,在英皇书院接受西式教育。他天资聪颖,成绩优异,每逢考试,总是名列榜首。1912年,袁振英从英皇书院毕业,考进了皇仁书院。皇仁书院创建于1862年,是香港最早的官立中学,也是香港著名的男子中学,以英语为教学语言。皇仁书院毕业生名人辈出,政界有孙中山,商界有霍英东,学术界有张五常,文史哲界有苏曼殊。在英皇书院读书期间,袁振英开始接触当时盛行的一种社会政治思潮——无政府主义。辛亥革命以后,无政府主义在中国广为流传,广东成为无政府主义活动非常活跃的省份,代表人物刘师复于1912年7月成立的心社,是国内最早的无政府主义团体,其宗旨是"破除现代社会之伪道德、恶制度而以吾人良心上之新道德代之"。心社成立不到半年,袁振英也在香港皇仁书院与同学杜彬庆、钟达民等组织了无政府主义团体大同社。大同社主张无家庭、无国家,提倡世界大同,与广州的心社遥相呼应。

1915年,袁振英从皇仁书院毕业,决定返回内地读书,投考北京大学。他说:"我要离开这个殖民地,终身不为敌用。"

夏末,二十一岁的袁振英到北京,考取了北京大学。此时的中国内地,新文化启蒙的狂飙正在酝酿之中。袁振英一边忙于学业,一边继续关注和研究无政府主义及社会主义。1917年5月,袁振英与北大同学赵太侔,联络黄凌霜、竟成、华林等人,在北京大学发起组织新的无政府主义团体——实社。这是北京大学最早也最有影响力的社团之一。实社以进德修学为宗旨,核心成员大多信仰无政府共产主义,研究社会主义思潮,尤其注重研究克鲁泡特金与高曼的思想。

1917年1月,袁振英第一次在北京大学见到陈独秀。那时的袁振英,已是大学三年级学生,不久前率领同学逼迫校方辞退师德有亏的C教授,在学生中积累了一定的威望,而陈独秀是受蔡元培邀请新来的文科学长,只想着"试教三个月",不行就回上海继续办刊。袁振英并不看好新任的文科学长陈独秀,甚至怀疑他的学术水准,认为他"根本不懂得教育为何物,绝对没有教育经验。陈独秀听说曾到过日本,但他读过什么书,得过什么文凭和学位,都没有人知道,他也没有什么专长,只会作些政论罢了"。

青年袁振英

一个是恃才傲物的高年级学霸,一个是初来乍到的文科学长,两人的冲突一触即发。这一日,袁振英率领一帮同学,气势汹汹地来到陈独秀的办公室,一点也没有见师长的恭敬,直截了当地质问陈独秀:"为什么要把M君派给我们英文毕业班当英文教师?"

陈独秀愕然,他是文科学长,有权聘任英文教师,这有什么不妥吗?他说:"M君是从日本高等师范学校留学回来的,资质和水平都没有问题。"

袁振英丝毫不给陈独秀面子,说道:"我们中国国立北京大学是与日本帝国大学同级别的大学,而日本的高等师范只与中国的国立师范同级。按照中日两国交换教员和学生的惯例,高等师范毕业生入北京大学还要从一年级读起。如今,居然任用一个日本高师的毕业生来教我们北京大学英国文学系毕业班的英文？这简直是耻辱！"

陈独秀被袁振英一顿抢白，有点下不来台。

袁振英一字一顿地说道："我希望这位日本高师毕业的老师不要继续出现在我们毕业班的课堂上，如若不然，我们集体罢课！"说罢，带领同学扬长而去。

M君最终因为学生的抗议没有继续聘任下去。陈独秀后来想起袁振英这个一脸激愤的学生，便颇感头疼，但也因此越来越关注他。渐渐地，陈独秀发现袁振英并非头脑简单爱闹事的学生，他的学习成绩相当出色，尤其是英文，他的思想也非常激进。陈独秀便常常找袁振英谈心，调和彼此间的关系。

陈独秀对袁振英说："《新青年》杂志你平时看不看？有没有兴趣给我们杂志也写几篇文章？"

"我？"袁振英觉得有些不可思议，《新青年》可是名闻全国的杂志，撰稿的都是胡适、杨昌济之类的大学者，还从未刊发过在校大学生的稿件呢。

"我相信你一定可以写出特别优秀的文章。你的英文这么出色，也可以把国外一些有价值的文章翻译过来，开拓读者的眼界。"陈独秀目光殷切地注视着袁振英，眼睛里有肯定和鼓励。

袁振英深受鼓舞，很快就翻译了一篇题为《结婚与恋爱》的作品，刊发在1917年7月1日出版的《新青年》第三卷第五号上。这是袁振英在《新青年》上发表的第一篇译文，也是一篇较有影响的文章。他后来自豪地说："日本人的《妇女问题十讲》一书中，也有提我这一篇译稿。" 在校期间就已经在《新青年》上发

袁振英和家人

表文章,这份荣耀让袁振英一辈子都为此而自豪。

小试牛刀,初尝胜果,让袁振英信心倍增。袁振英也因此与陈独秀关系越来越密切,常去箭杆胡同九号陈独秀的寓所兼《新青年》杂志编辑部,听陈独秀及其他编辑谈论时事。彼时,《新青年》杂志由胡适等人轮流执编。过了数月,胡适先生把袁振英找去,告诉他:"《新青年》杂志准备出一期特刊'易卜生号',我正在策划组稿,你能不能写篇关于易卜生的文章?"

袁振英一听,两眼发亮,因为易卜生是他热爱的戏剧大师——易卜生是19世纪欧洲著名的现实主义作家,欧洲现代戏剧的创始人,"社会问题剧"的开创者,受到了中国这一时期青年人的追捧。袁振英想了想,说:"我愿意试试。"

胡适先生说:"建议你以易卜生的生平或作品为题材撰写一篇大文章,一方面可以给《新青年》发表,同时也可以作为你的毕业论文。"

袁振英欣喜地接受了胡适先生的建议,立即着手收集资料。他阅读了大量易卜生的作品,参考了多本外国人撰写的易卜生传记,融入了很多自己对易卜生及其作品的认识,写成文章后又反复修改,最终写成了《易卜生传》。由于从小接受的是英语教育,他觉得用英文写作更为顺畅,于是他先用英文写,写完再翻译成汉语文言文。文章发表时袁振英还未来得及译完全文,只发表了部分章节,之后才发行了全译本。这是第一篇中国人撰写的易卜生传记,袁振英因此被称为中国研究易卜生的第一人。在这篇传记里,袁振英高度赞扬了易卜生的思想与行为:"易氏虽为一有名之大剧曲家,然亦一大革命家也。"又云:

易氏之新思潮,如好花怒放,甘冒天下之大不韪,果敢无伦,前人之不敢言者,彼乃如鲠在喉,以一吐为快;发聋振聩,天下为骇,此氏所以有"惟天下之最强者,乃能特立独行"之语也。

1918年6月15日《新青年》第四卷第六号"易卜生号"正式出版,发表的文章除了袁振英的《易卜生传》外,还有胡适的《易卜生主义》,胡适、罗家伦等译的《娜拉》,陶履恭译的《国民之敌》,吴弱男译的《小爱友夫》。

易卜生的作品与思想一经《新青年》杂志介绍,立即引起了

《新青年》"易卜生号"

青年学生的兴趣与共鸣,掀起了"易卜生热"。文艺评论家阿英回忆当时"易卜生热"的情形时说:"新的人没有一个不狂热地喜欢他,也几乎没有一种报刊不谈论他。"茅盾先生曾于1925年撰文称易卜生"和新文化运动有一种非同等闲的关系……《新青年》出'易卜生专号',曾把这位北欧大文豪作为文学革命、妇女解放、反抗传统思想等等新运动的象征,那时候,易卜生这个名儿,萦绕于青年的胸中,传述于青年的口头,不亚于今日之下的马克思和列宁"。

鲁迅先生也予以高度评价:

民国七年(1918)七月,《新青年》突然出了"易卜生号"。这是文学底革命军进攻旧剧的城的鸣镝。那阵势,是以胡将军的《易卜生主义》为先锋,胡适、罗家伦共译的《娜拉》(至第三幕），陶履恭的《国民之敌》和吴弱男的《小爱友夫》（各第一幕）为中军，袁振英的《易卜生传》为殿军，勇壮地出阵。

袁振英的《易卜生传》广受好评，多次再版重印，又于1918年在香港印刷单行本，1920年2月在广东新学生社再次出版发行。

在新文化运动之初，易卜生的戏剧与思想在对破除中国传统伦理思想的禁锢、树立男女平等新观点以及唤醒国人的个性与自主意识等方面发挥了特殊的启蒙作用。很多青年把易卜生的名言"惟天下之最强者，乃能特立独行"当作座右铭，当作他们追求独立思想与人格的标杆。

1918年7月，袁振英从北京大学毕业，校长蔡元培向教育部申请，推荐他去法国留学，但那时第一次世界大战结束不久，法国社会还未结束动荡，留学环境恶劣，袁振英未能成行。他只得返回家乡广东，在广州的国立广东高等师范学校当教师。

临行前，袁振英专程到《新青年》编辑部，向陈独秀和胡适等人辞行。

入住新渔阳里六号

一别两年,陈独秀眼中的袁振英黑瘦了些,也沉稳了些。

袁振英告诉陈先生,他在广东高等师范学校只工作了半年便辞去了教职。1919年3月,他受南洋无政府组织真社邀请,前往菲律宾协助组建华侨工党,编辑《平民日报》。在菲律宾小吕宋岛上,他一边做记者,一边在马尼拉爱国学校及中西学校任教。经过一年的努力,他顺利完成使命,帮助南洋真社组建了华侨工党。但他在马尼拉的言行也受到了当地政府的监视,最终,他被驱逐出境。

1920年初,袁振英从菲律宾回到香港,担任国民党机关报《香江晨报》的编辑,但时间不长,他便因得罪香港的英国官员而被迫离开了。随后,他返回广州,担任广州《民号报》《新民国报》的编辑,不时在报刊上发表宣传无政府主义的文章。

五四运动在北京爆发后,至年底,全国各地的运动基本平息,但广东的运动仍在继续,并于1920年春夏之际出现了新的高潮。袁振英在报纸上编发了许多反映这场爱国运动的文章,并积极投身这场运动。为了声援广州学生的爱国运动,袁振英联合新闻界同行,组织了广东游东(日本)记者团,参与者包括粤港两地的数十名记者,袁振英担任了英文秘书一职。他们计划到日本和朝鲜各大城市以及我国台湾,宣传反对日本"二十一条"草案。记者团出发前,曾受到恐吓,说日本人会给他们吃慢性毒药,但他们毫不理会,表示"纵使如此,为国而死,死也光荣"。

广东游东记者团的活动持续了数月,他们在日本、朝鲜各城市以及台湾地区开展宣传活动,受到了华侨和当地人民的欢迎。

1920年7月,袁振英随记者团从日本乘船返回中国,途经上海时,听说陈独秀也到了上海,便打听了地址,上门拜访。

陈独秀听袁振英讲述离开北大后的经历,唏嘘感慨了一番,又勉励了袁振英一番:"没想到啊,这两年间,你经历了那么多事,但有这些经历不是坏事,会让人成长得更快。"

其实,这两年间,陈独秀自己经历的事也不少。身处多事之秋,总是身不由己。但陈独秀没有和袁振英谈及这些,而是云淡风轻地一笑,问袁振英:"今后有什么打算?"

袁振英说:"我已离开报社多月,回到广州还得另谋职业。"

陈独秀说:"既如此,不如便留在上海,协助我编辑《新青年》。自我离开北大,《新青年》停刊了数月,如今虽说重新回到上海编辑出版,但稿源严重缺乏。我准备在《新青年》上开设'俄罗斯研究'专栏,你外文好,又有理论功底,由你来主持这个栏目再合适不过了。最近我与外国人打交道比较多,也需要你帮着做些翻译工作。另外,我正让俞秀松组建上海社会主义青年团,你也一起参与吧。这里年轻人多,大家干劲很足,留在这里你会找到自己的价值。"

久别重逢的师生俩不知不觉聊了两个多小时,陈独秀谈起了已经成立的马克思主义研究会,谈起了已经到访的俄(共)布党员小组,谈起了《新青年》杂志今后的办刊思路,谈起了即将成立的党、团组织,越谈兴致越高。灼灼的火苗在陈独秀的眼中闪耀,这火苗也感染了袁振英,让他也不由得振奋起来,他仿佛已经看到了一个理想的新世界。

他当即决定,不走了,留在上海!他愿意当好陈独秀的助手,协助他编辑《新青年》杂志,协助他与外国人打交道,协助他做好党、团工作。他相信自己一定能胜任新的工作,他更相信,跟着陈独秀一定能够走出一条新路。

求贤若渴的陈独秀,与跃跃欲试的袁振英,双手紧紧地握在了一起。

日影渐渐西斜,暑热消退了些,来老渔阳里二号的人也渐渐多了。来的人都很自觉,三言两语谈完事就告辞了。袁振英这才看到,原来客堂里有一块黑板,上面写着"闲谈不得超过十五分钟"。他为自己浪费了先生那么长时间而不安。

一个面目俊朗的年轻人进来,谈完事准备离开,陈独秀把他叫住,给他们相互介绍说:"这是袁振英,广东人,是北大的高才生。这是俞秀松,浙江人,去北京参加过工读互助团,做过北大的旁听生。振英的英文极好,文章也作得漂亮。秀松最近正在厚生铁厂做工,对工厂的情况比较熟悉。你们年轻人要多交流。秀松正在筹备创建青年团,振英你多帮帮秀松。"

两个年轻人欣喜地握手,互道"久仰"。俞秀松北上参加工读互助团时,袁振英已经从北大毕业,但彼此对对方的名字都早有耳闻,因此都觉得亲切。

陈独秀关照俞秀松:"你把振英带到新渔阳里六号,把情况跟老杨说说,就说振英是留下给我们当翻译当编辑的,暂时就住在那里。"

霞飞路新渔阳里六号彼时是俄共(布)远东局海参崴分局外国处派出的全权代表维经斯基先生的翻译杨明斋的住所,离老渔阳里二号不远,走五分钟就到了。俞秀松带着袁振英敲响新渔阳里六号的门,开门的是一位面相忠厚的长者,说话带山东口音,他就是杨明斋。俞秀松给双方做了介绍。杨明斋听说袁振英精通英文,可以帮忙做些翻译工作,非常高兴,赶紧收拾房间,安排袁振英入住。

很快,袁振英发现,很多年轻人都喜欢往新渔阳里六号跑,许是寓所的主人杨明斋总是笑呵呵的,年轻人觉得亲近。常来的有俞秀松、李汉俊、陈望道等人,邵力子、沈玄庐等人年长些,但也喜欢往这里跑。

跑得最勤的一位青年名叫金家凤,江苏甪直人,才十七岁,眼神纯净,性格温和。只要跟他谈起陈独秀,他立马两眼放光,一脸崇拜得五体投地的表情。他告诉袁振英:"我很早以前就知道陈先生的大名,他编的《新青年》我每期必看,他作的文章我读了一遍又一遍,实在仰慕得很。今年二月他来上海后,给我们做演讲,我远远地看着他,竟觉得他周身都带着光芒。"

袁振英笑,若论对陈先生的崇拜,金家凤是当之无愧的第一名。这个看起来稚气未脱的富家子弟,后来捐了一大笔钱资助党、团组织,让陈独秀等人甚为感动。那时金家凤见党、团经费非常紧张,难以为继,就回到甪直家里,嗫嚅着告诉家人,自己

青年金家凤　　　　　　　　叶天底

因为参加罢课已经被就读的上海工业专门学校（今上海交通大学）开除了。家人一听，忧急万分，问他有什么打算。金家凤说他打算跟佩兰（金家凤的未婚妻毛佩兰，后改名为毛一鸣）一起去法国留学，但是费用比较高。母亲问："要多少钱？"金家凤说："六千块大洋。"父亲一听，犹豫了，六千块大洋可不是一笔小数目，即便他们家还算富裕，要一下子拿这么多钱出来也非易事。但祖父母担心时局动荡，孙子留在国内不省心，便支持孙子出国留学。金家凤的父母只得四处筹借，凑满了六千块大洋。把钱交给金家凤时，母亲叮嘱道："这六千块大洋是我和你爹东家借一点西家借一点，好不容易凑起来的，你们到了国外，也要省吃俭用，后面几年，家里也拿不出钱给你们了。这次欠下的钱我们还得慢慢还。"金家凤频频点头，转身就去了上海，把这笔巨款悉数捐了出来做党、团经费。大家都为此而感动，夸金家凤了不起，但也替他忧虑，如果他父母知道被儿子骗了，如何了得？陈独秀沉思片刻，说道："这样吧，我给蔡元培校长写封推荐信，你们去北大找他，先在北大做旁听生，再想办法考学。"不久，金家凤和毛佩兰去了北京，毛佩兰考取了北京大学英文系，金家凤一边做旁听生，一边协助李大钊开展党、团工作。此乃后话。

不久，新渔阳里六号又来了一个年轻人，名叫叶天底。叶天底是浙江上虞人，也是俞秀松在浙江一师的同学。浙江"一师风潮"爆发时，他是骨干，"风潮"结束后，他被迫离开了学校。无奈之下，他向老师陈望道先生求助，陈先生便介绍他到新渔阳里六号来，帮着做校对，画插画。叶天底画画极好，画菊花、画鱼虾，栩栩如生。不过叶天底体质较差，经常生病，袁振英也不曾想到，这个总是病恹恹的叶天底，日后会是他们当中最激进的革命者，即使饱受病痛折磨，他依然"带着药罐"坚持革命。1927年11月，因浙江大暴动计划泄露，作为暴动主要领导人的叶天底在上虞被捕，后转押至国民党浙江陆军监狱。1928年2月8日，重病的叶天底被敌人用门板抬到狱中刑场，英勇就义，时年三十岁。袁振英听说叶天底牺牲的消息时，叶天底已去世多年。他想起他们在新渔阳里六号共同相处的时光，不禁潸然泪下。那时的叶天底，一有空就会仔细端详一幅《竹石图》，那上面画着一块大石头，压着竹子，石头的四周，幼笋钻出了泥土。这幅画是沈玄庐画的，后来陈望道为这幅画题了词："石压笋，笋斜出，搬开大石头，新竹根根笔头直。"叶天底告诉袁振英："沈先生画这幅画时，曾问我是否知道他为何要画这块大石。他是希望我像竹笋一样不屈不挠。"病弱的叶天底，此时的眼神如此坚定，让袁振英看得十分动容。

袁振英在新渔阳里六号居住了五个多月，时间不算长，却是他青春岁月里最流光溢彩的一段美好时光。这年的8月22日，他作为八名发起人之一，与俞秀松、李汉俊他们一起，在新渔阳里六号创建了上海社会主义青年团。九月底，他们在《民国日报》刊登了外国语学社的招生广告。四十多名青年从全国各地赶来，在这里学习俄文、英文、法文，还有马克思主义理论。袁振英当仁不让，当起了英文教师。楼下的客堂改成了教室，四十多个学生坐得满满当当。到了夜间，大家挤在一起打地铺，谈理想谈未来，谈着谈着，思想就飞去了苏俄。那时的他们，那么年轻，那么朝气蓬勃，相信真理，相信未来，也相信一定能够为国家为民族找到一条合适的新路。

主持《新青年》"俄罗斯研究"专栏

袁振英来到上海不久，经陈独秀介绍，进入熙华德路十二号（今虹口区长治路一百七十七号）《上海俄文生活报》社工作，担任英语翻译。《上海俄文生活报》是谢麦施科等倾向社会主义的俄侨于1919年9月创办的，初创时为周报，规模很小，后改为日报，刊载的内容涵盖社会、政治、文化、工商等信息。渐渐地，《上海俄文生活报》越来越有布尔什维克色彩。

维经斯基率团于4月份来到上海后，秘密组建了共产国际东亚书记处，而他在上海各地进进出出，手持的是一张《上海俄文生活报》记者证。因而这家报馆也成了共产国际东亚书记处的掩护机关和工作机构，成了苏联共产党与共产国际组织东亚共产主义运动的秘密大本营。

在这个秘密大本营里，袁振英利用自己的语言优势，直接和苏俄代表在内的各国社会主义者交流。陈独秀与国际上的革命者来往频繁，袁振英也成了陈独秀与他们交往与沟通的桥梁。

1920年9月，停刊了数月的《新青年》杂志在上海复刊，性质发生了变化，成了中国共产党公开的理论刊物，主要宣传马克思主义。

《新青年》第八卷第一号起开设"俄罗斯研究"专栏

新出版的《新青年》第八卷第一号重新设计了封面,以全新的面孔登场。封面上有一个小小的图案,是一东一西两只人手在地球上紧紧相握。这个图案象征着中国人民与十月革命后的苏维埃俄国心手相连,紧密团结,也喻示着全世界无产者团结起来。复刊的《新青年》登载了陈独秀的《谈政治》一文,旗帜鲜明地亮出了社会主义色彩。

《新青年》复刊后最大的变化就是专门开辟了被陈独秀称为"带有树旗帜的作用"的介绍俄国革命的"俄罗斯研究"专栏。袁振英正式当起了《新青年》"俄罗斯研究"专栏的主编,这是他对创建中国共产党的最大贡献,也是他一生中最大的亮点。彼时,对于布尔什维克领导下的苏俄,绝大多数中国人并不了解,这是人类历史上从未出现过的社会政治试验品,他们对此既充满

共产主义马前卒 | 139

期待，又莫名恐惧，有人赞扬喝彩，有人批评攻击，更多的人是一片茫然。袁振英主持的"俄罗斯研究"栏目，为国人打开了一扇窗，让他们看到俄国十月革命的胜利，让他们知道是马克思主义指导俄国取得了十月革命的胜利，从而让越来越多的国人接受马克思主义，心甘情愿地走社会主义革命道路。

从第八卷第一号到1921年第九卷第三号，《新青年》杂志发表了英、美、德、日等国许多报刊刊登的介绍与研究苏俄的翻译文章。部分原先给《新青年》杂志投稿的学者，看到《新青年》杂志的"赤化"倾向越来越明显，怕惹上是非，吓得不敢投稿。袁振英便动员一些进步学者为专栏提供稿件，经常投稿的有李大钊、李汉俊、沈雁冰、李达、陈望道等人。身为专栏主编，袁振英当时的编辑与翻译工作十分繁重，还花费了大量精力寻找稿源，《苏维埃俄罗斯报》等外国报刊是他重点阅读的，一见合适的文章，他便翻译过来发表。"俄罗斯研究"专栏前后共刊出介绍苏俄的译、著三十八篇，其中译文三十五篇，袁振英以"震瀛"为笔名翻译的就占了二十四篇，第八卷第四号（1920年12月1日）的十三篇文章全是袁振英翻译的。

"俄罗斯研究"专栏刊发的译文，旗帜鲜明地表达对苏俄和马克思主义的肯定与赞美，表达对布尔什维克革命的赞赏和认同。正是有了这个专栏，中国早期共产主义者才第一次真正了解了俄国革命的真面目和列宁等布尔什维克领袖的革命理论。袁振英以"俄罗斯研究"栏目为阵地，为传播马克思主义做出了杰出贡献，而他本人，也完成了信仰与角色的转变，由一个无政府主义宣传者，转变为马克思主义的传播者。

袁振英一生经历曲折,命运多舛。他曾于1928年被国民党当局当作"共产党重要嫌疑分子"投入监狱。"文革"期间,袁振英被扣上"现行反革命"的帽子,遭到逮捕并被判处死刑,给中央领导及公安部、最高人民法院、最高人民检察院写信申冤才获释,直到去世半年后才得以平反。

1979年1月,袁振英在广州病故,享年八十五岁。在走到人生终点的时候,他给自己的一生做了总结,称自己是"五四运动急先锋,共产主义马前卒"。

他的眼前,再一次闪现出上海法租界石库门弄堂里的新渔阳里六号,看到那一张张被信仰的光芒照亮的年轻面孔,而他,正奔赴在与他们相会的路上。

秘密使命

新旧思想在激烈角逐中,乾坤变革在悄然酝酿中。新生的苏维埃俄国关注着中国,列宁的目光注视着东方。

维经斯基

1920年4月。新旧思想在激烈角逐中,乾坤变革在悄然酝酿中。新生的苏维埃俄国关注着中国,列宁的目光注视着东方。

维经斯基一行到达上海的时候是个雨天。上海的4月,正是乍暖还寒的时节,阴晴不定,一出太阳就春光明媚鸟语花香,下点小雨就阴冷缠绵满地泥泞。呼吸着潮湿的空气,看着雨幕里朦朦胧胧的城市街景,维经斯基有点怀念北京,尽管他昨天才刚刚离开那里——这个季节的北京天清气朗,干爽明丽。那是一个不爱下雨的城市。

让维经斯基怀念的,还有在北京遇到的一些人——北京大学图书馆馆长李大钊,北京大学俄语教员、"中国通"鲍立维、伊

共产主义国际远东书记处部分工作人员合影
左一为库兹涅佐娃，左二为维经斯基

文，还有北大的那些青年学生。他们对远道而来的布尔什维克，给予了最热忱的欢迎。看着他们青春洋溢的面孔，维经斯基似乎已经看到了中国的未来。他相信，未来的中国，一定会如列宁所愿，成为与苏俄友好的"兄弟国家"，列宁期盼的"兄弟党"，也一定会在中国成功创建。

维经斯基的目光透过细密的雨帘，凝视着这座披着神秘面纱的陌生城市。他思考着此行的秘密使命，心里默念着：南陈，北李。

红色使者与中国共产主义运动领袖的第一次握手

维经斯基是苏俄成立后与中国共产主义者直接联系的第一个布尔什维克。第一次来中国那年,他才二十七岁,却有着超越年龄的沉稳与干练,给人留下的印象是经久难忘的——

"他身材不高,脸上棱角分明,有一双明亮的能洞察人心的眼睛,说起话来用词不多,也不太连贯……但是他却有着绝非常人能及的大无畏精神,拥有丰富的革命经验,办事干练,经常带着武器和文件从敌人的眼皮底下穿过,时刻做好了为革命牺牲的准备。"(著名国际共产主义运动活动家马克·卡扎宁语)

精明、机警、勇敢、忠诚,这是维经斯基在历次革命斗争中表现出来的意志品质,也是他被选作红色使者的重要原因。

维经斯基,本名格列高里·纳乌莫维奇·维经斯基,又名查尔金、吴廷康,1893年4月出生于俄国涅韦尔市,父亲是一名森林工厂的管理员,家境贫寒。维经斯基中学毕业后,家中没钱供他继续上学,他十四岁便进了工厂,当了三年印刷厂排字工人,又当了三年会计。

二十岁那年,维经斯基前往美国谋生。从闭塞的俄国农村到了美国,维经斯基的眼界一下子打开了,他一边学习一边打工,不久就能讲一口流利的英语,这为他后来成为国际社会活动家打下了良好的语言基础。学习之余,他也参加一些社会活动,知道了在这个世界上,有一群人,他们在做的事,是为了让广大的人民过上更好的生活。他开始关心政治,1915年,他在美国加入社会党。

1917年11月,十月革命胜利的消息传到美国,在美俄国人欢欣鼓舞,纷纷回国,准备为建设一个全新的俄罗斯苏维埃联邦社会主义共和国出力。急不可待的维经斯基从美国旧金山起程回国,很快抵达俄国远东重镇符拉迪沃斯托克(海参崴)。当时西伯利亚大铁路已被自卫军和美日干涉军控制,他一时无法去其他城市,索性就在海参崴加入了俄共(布),参加当地的革命斗争。不久,美日干涉军用武力捣毁海参崴的苏维埃政权,维经斯基不得不随红军前往更遥远的克拉斯诺亚尔斯克。

1918年11月,原沙俄海军上将、黑海舰队司令高尔察克发动叛乱,在鄂木斯克建立了军事独裁政权,与列宁分庭抗礼。维经斯基受俄共指派,参加红军情报机关,出色地完成了地下情报和兵运工作,并且成功策划了伊尔库茨克工兵大起义,为红军最终消灭"苏维埃最凶恶的敌人"(列宁语)立下汗马功劳。战斗结束后,维经斯基又被派往海参崴参加工作,因叛徒出卖,被逮捕后判处无期徒刑,流放到黑龙江口外的库页岛做苦役。

身陷困境,维经斯基没有灰心丧气,也没有消极等待,他暗暗蓄积力量,伺机进行斗争。他悄悄联合了岛上其他被流放的政治犯,策动囚犯大暴动,最终成功逃离流放地,重获自由。

1920年1月,维经斯基回到海参崴。

俄国十月革命胜利,世界上第一个社会主义国家的建立,使马克思主义的目标第一次成为现实，也使苏维埃新政权陷于世界帝国主义和各国反动派的包围之中，处于严重的困难和孤立之中。中国北洋军阀政府也封锁了中俄边境，使中苏交通阻断。1919年3月，列宁创建了共产国际，专门支持、发动、帮助和组织各国的革命政党，他特别关注远东，尤其是中国的动向，希望这些地方出现有利于苏俄革命的"兄弟党"和"兄弟国家"。

1919年7月，苏俄发表第一次对华宣言，宣布废除帝俄政府与中国所订的不平等条约。1920年3月25日，上海的进步俄文报纸《上海俄文生活报》首次在中国刊登了宣言原文。苏俄的宣言赢得了中国人民的赞赏。

1920年3月，俄共中央正式决定建立远东局（又称西伯利亚局），负责领导远东各国的革命。远东局下设海参崴分局东方民族处，维经斯基为该处成员。

这年春天，封闭了一年多的中俄交通终于恢复，让远东局的"目光东向"战略有了实施的条件，派遣党员小组去中国被迅速提上议事日程，二十七岁的维经斯基被委以重任。

俄共（布）远东局海参崴分局向维经斯基下达了秘密指令："与中国的革命组织取得联系，同时考察在上海建立共产国际东亚书记处的可能。"

4月初，维经斯基率领党员小组踏上了前往中国的旅程。他们从布拉戈维申斯克出发，经哈巴罗夫斯克，到哈尔滨，转天津，最后抵达北京。小组成员包括维经斯基的妻子库兹涅佐娃，旅俄华人、俄共（布）党员、翻译杨明斋，还有另外一对夫妇——马马耶夫和他的妻子马马耶娃。二十五岁的马马耶夫是苏俄红军军官,马马耶娃则是莫斯科歌舞演员。两对年轻的夫妇都是丈夫英俊妻子美丽,不知情的人还以为他们是结伴去中国旅行。路遇盘问,他们便掏出护照和记者证,告诉对方,他们是《上海俄文生活报》的记者,此次中国之行,为的是筹建华俄通讯社。

党员小组抵达北京后,居住在距王府井大街不远处的一幢外国公寓里。不久,又有两位俄国人悄然来到北京与他们会合。一位干练的女士名叫萨赫扬诺娃,她是俄共(布)远东地区委员会的负责人之一。三个月前,她曾向俄共(布)中央委员会写信,建议与中国革命者建立联系。另一位身材高大、蓄着大胡子的男子名叫斯托扬诺维奇,是常驻哈尔滨的记者,也是俄共(布)党员。他俩是前来协助维经斯基执行特殊任务的。

中俄交通一度中断,远东局也成立不久,对中国情况的收集有些力不从心,因此维经斯基对中国革命的真实情形非常陌生。他们的任务是要联络中国共产主义运动的领袖人物,但谁是领袖人物,应该找谁,他们心里没底。

维经斯基和杨明斋商议一番后,决定先由杨明斋出面去打探情况。毕竟,在中国的土地上,一张中国面孔出去打交道要方便很多。

按照事先的计划,杨明斋来到了北京大学,拜访了在该校任教的俄语教授波列伏依(中文名字叫鲍立维,又叫柏烈伟)。鲍立维从小在海参崴长大,能讲一口流利的中文,是研究《诗经》的汉学家。1918年,他从海参崴来到天津,一直跟北京、上海、天津等地的进步文化人有密切交往。

鲍立维是名副其实的"中国通",他一到中国,就关注到了

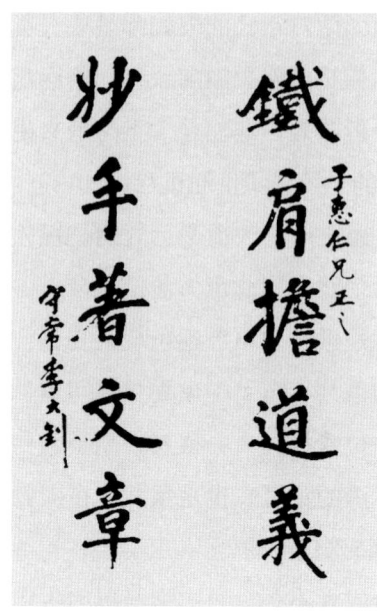

李大钊书法

《新青年》杂志的进步倾向，也留意到了经常在《新青年》上撰文的陈独秀、李大钊等人的大名。看到李大钊发表的《我的马克思主义观》，他便有心与之结交，于是专程来到北京，到北京大学图书馆拜访李大钊。鲍立维递了几本小册子给李大钊："李先生，这几本小册子是从莫斯科带来的，送给先生做个参考。"李大钊接过一看，都是关于马列主义的小册子，其中有一本是布哈林著的《共产主义ABC》。李大钊粗粗一读，发现这本小册子里没有繁琐的概念演绎，而是用富有哲理的语言拉近与读者的距离，用百姓易懂的事例讲明道理，他顿时喜出望外，连声赞叹："这本册子妙就妙在把马克思主义理论大众化了，真乃气韵生动，满纸生辉。"两人相谈甚欢，引为好友。不久，李大钊就将鲍立维推荐给校长蔡元培,聘请他担任北京大学的俄文教员。

鲍立维不是俄共(布)党员,但他倾向革命,有不少俄共(布)党员朋友,听杨明斋提起他们都认识的朋友,鲍立维对杨明斋也热情起来。杨明斋说:"我们是《上海俄文生活报》的记者,此次来华的目的,是要报道中国共产主义运动的领袖人物,先生对中国的情况比较了解,您觉得我们应该采访哪几位人物呢?"

鲍立维微微一笑,伸出左手的大拇指说:"李大钊!"又伸出右手大拇指说:"陈独秀!"

鲍立维对中国的共产主义运动情况非常熟悉,他娓娓而谈,说起了《新青年》,说起了上一年发生的五四运动,说起了李大钊、陈独秀。杨明斋听完,心里对中国的共产主义运动有了底。

次日,杨明斋又去拜访了北京大学另一位俄籍教员阿列克谢·伊万诺维奇·伊万诺夫(中文名叫伊凤阁,又叫伊文),向他问了同样的问题。伊文也是汉学家,来华时间比鲍立维还早。他也提到了李大钊、陈独秀,向杨明斋介绍的中国共产主义运动的情况跟鲍立维所说的大致相同。

目标明确了,维经斯基决定拜访"南陈北李"。得知陈独秀已于两个月前去了上海,他便请鲍立维、伊文帮忙介绍,先去拜访李大钊。

站在北京大学图书馆前,同行的鲍立维给维经斯基介绍,这座红楼就是中国新文化运动的发源地,五四运动的起点。在北京大学图书馆馆长办公室,李大钊握住了维经斯基的手,俄共(布)的红色使者与中国共产主义运动的领袖有了第一次握手。

北京大学图书馆旧馆

两人的交谈非常友好,维经斯基介绍了十月革命后苏俄的情况,李大钊对十月革命的胜利表示钦佩,也介绍了五四运动的一些情况。维经斯基提出:"李先生能不能帮我找几位参加过五四运动、新文化运动的学生,我想采访一下他们。"

李大钊便把罗章龙、张国焘、李梅羹、刘仁静等学生叫到图书馆,跟维经斯基见面。

几个青年学生用仰慕的眼神看着维经斯基,这是他们第一次见到来自苏俄的布尔什维克,内心非常激动。

维经斯基向他们介绍了十月革命的情况,详细介绍了苏俄的各项政策、法令,如土地法令,工业、矿山、银行等收归国有的政策,工人监督与管理工厂、苏俄国民经济最高委员会管理全国经济工作的制度,等等,以及列宁提出的电气化的宏伟规划。他还讲到,苏俄在十月革命胜利后,面临种种困难,为了解决困难,不得不临时实行军事共产主义、余粮征集制等等。他又赠送了一些书刊给这些青年学生,如《国际》《红旗》《国际通讯》《震撼世界十日记》等,有俄文版,也有英文版、德文版。

维经斯基勉励这些青年学生:"你们在座的同学参加了五四运动,又在研究马克思学说,你们都是当前中国革命需要的人才。你们要好好学习,要了解苏俄十月革命。"

罗章龙后来回忆说:"这次谈话内容相当广泛。当时我们很想了解十月革命,了解革命后的俄国,他谈的这些情况,使我们耳目一新,大家非常感兴趣。这就使我们对苏维埃制度从政治、经济、军事到文化都有了一个比较清楚的认识,看到了一个新型的社会主义社会的轮廓……我们认为他谈的这些话,很符合我们的心愿。我个人体会,通过他的谈话,使我们对十月革命,对苏维埃制度,对世界革命都有信心了……"

后来,参加座谈的这些青年学生都成了北京共产主义小组的成员。

座谈结束后,维经斯基和李大钊握手告别,临别之际,维经斯基又对李大钊说:"中国应有一个像俄国共产党那样的组织。"

李大钊笑了,他想起两个月前送陈独秀离开北京途中自己与陈独秀关于建立中国共产党的交谈,他们的心愿与维经斯基的见解不谋而合。他想让维经斯基见见陈独秀,便说:"维经斯基先生,你要了解中国的共产主义运动,必须见见陈独秀先生。"

维经斯基连忙说:"我也早已听闻陈独秀先生的大名,听说他去了上海,我们随后就去上海拜访他。您能不能帮忙写封信引荐一下？"

李大钊慨然应允，拿起毛笔一挥而就，写了一封亲笔信交给维经斯基。

带着"考察在上海建立共产国际东亚书记处的可能性"的秘密使命，维经斯基率领他的党员小组，乘上了前往上海的火车。他的妻子库兹涅佐娃、翻译杨明斋、从海参崴赶来的萨赫扬诺娃，以及从哈尔滨赶来的斯托扬诺维奇，与他同行，共赴上海。马马耶夫夫妇继续留在北京开展工作。

渔阳里的秘密交谈

维经斯基一行人下了火车,一边裹紧大衣缩着脖颈对抗着不期然的阴风冷雨,一边用俄语交谈着。上海号称"十里洋场",此地的人们见多了洋人,很少会有人因为新奇驻足观望,加之雨天行人本来就少,没有人特别关注他们。

杨明斋利落地叫好了几辆黄包车,招呼大家上车。

黄包车在雨中一路疾驰,驶入南京路,在永安公司门口停下,楼上便是大东旅社。永安公司是当时上海南京路上的四大公司之一,大东旅社则是永安公司附设的宾馆,是当时上海最豪华的宾馆之一。

杨明斋把维经斯基等人安顿好,便冒雨赶到四马路,找到亚东图书馆的老板汪孟邹,从汪孟邹那里打听到了陈独秀的住处。随即,他一刻不停地赶往法租界环龙路老渔阳里二号陈独秀的住处。

陈独秀听到家人说有客人来访,下楼见客,一眼见到的却是个陌生人,便有些不悦,神色间也颇为戒备。杨明斋连忙取出李大钊的引荐信,说:"陈先生,我们前两天在北京拜访了李大钊先生,是他建议我们来上海拜访您的。这是他的亲笔信。"

陈独秀看罢，立刻和颜悦色地对杨明斋说道："原来是海参崴来的朋友，失敬失敬！"

两人寒暄了几句，陈独秀得知维经斯基住在大东旅社，便提出："我去拜访吴廷康先生。"

杨明斋谦和地笑着，说："使不得使不得，还是我陪他过来吧。旅社里人多眼杂，谈话不方便。"

不多时，两辆黄包车一前一后，从霞飞路穿梭而过，停在环龙路老渔阳里二号门前。杨明斋陪着维经斯基，来到陈独秀家中。

"久仰陈先生大名！"维经斯基客气地说道。他眼前的陈独秀，比之儒雅的李大钊，多了几分不羁和自信。

陈独秀客气地回应着，也打量起这位远道而来的俄国青年来——棱角分明的脸庞，深邃的眼睛，微微上扬的嘴角，释放着友好的气息。

宾主落座，初次交谈，双方都友好而审慎。维经斯基讲俄语，陈独秀讲汉语，杨明斋当翻译。维经斯基向陈独秀介绍十月革命后的苏俄，陈独秀则介绍五四运动后中国的变化。

之后，维经斯基与杨明斋一次又一次地光顾老渔阳里二号，陈独秀和维经斯基之间的交谈也越来越深入，维经斯基把自己的真实身份、秘密使命和盘托出，告诉了陈独秀。

陈独秀了解了维经斯基来华的真实意图后，他们之间的关系变得密切起来。

维经斯基搬离了大东旅社，租借了离陈独秀住处不远的霞飞路七百一十六号。此后，维经斯基在上海安营扎寨，认真执行他在海参崴接受的秘密任务。

维经斯基还在英租界爱德华路挂出了《上海俄文生活报》记者站的牌子,并以《上海俄文生活报》记者身份公开在上海活动。他"采访"了很多人——据档案记载,他会见过上海学生联合会的正、副评议长狄侃和程天放,会见过东吴大学学生何世桢……

"走俄国人的路"

第一次来华,维经斯基在中国工作了九个月。对于马克思列宁主义在中国的传播,维经斯基所起的作用可谓是划时代的。在维经斯基来华前的很长一段时间里,北洋政府封闭中俄之间的交通,严控来自苏俄的信息,这使中国革命人士很难搜集到关于俄国革命的信息。而且中国早期社会主义者中,几乎没有精通俄语的人才,他们只能利用英语的文献资料,从美国共产党的相关信息中得到共产主义运动的零星启蒙。日本社会主义者在研究马克思主义方面曾给中国提供了大量的参考资料,但由于语言不通、信息阻塞等客观原因,日本研究者提供给中国留日学生关于苏俄革命的知识也十分有限。

维经斯基带来了大量的与共产主义、俄国革命相关的第一手文献资料,由此,俄国十月革命的社会主义理论取代了原本来自日本、美国文献的温和的布尔什维克主义,开始引领中国的共产主义运动。

随着维经斯基的到来,从南到北,关于马克思主义的研究越来越深入。

在上海法租界,陈独秀多次出面邀请陈望道、戴季陶、沈玄庐、李汉俊、张东荪、邵力子、沈雁冰、陈公培、俞秀松、施存统、刘太白、沈仲九、丁宝林等人举行座谈会,与维经斯基讨论社会主义思潮和中国革命问题。维经斯基在座谈会上热情地介绍了俄国革命和革命后的政治、经济、教育等各方面的情况,让与会者大开眼界,耳目一新。维经斯基还说:"中国现在关于新思想的潮流,虽然澎湃,但是第一,太复杂,有无政府主义,有工团主义,有社会民主主义,有基尔特社会主义,五花八门,没有一个主流,使思想界成为混乱局势。第二,没有组织,做文章、说空话的人多,实际行动,一点都没有。这样决不能推动中国的革命。"由此,他们开始讨论在中国建立中国共产党这一问题。

关于这一问题,维经斯基有这样的设想:"把《新青年》《星期评论》《时事新报》结合起来,乘五四运动的高潮建立一个革命同盟,并由这几个刊物的主持人物联合起来,发起成立中国共产党或是中国社会党。"

《新青年》的主持人是陈独秀、李大钊,《星期评论》的主持人是戴季陶、沈玄庐、李汉俊,《时事新报》的主持人是张东荪——维经斯基最早的建党蓝图里,包括了这些"笔杆子"。

1920年6月,维经斯基在给共产国际远东局写的一份报告中详细讲述了他在上海的工作进展:"目前,我们主要从事的工作是把各革命团体联合起来组成一个中心组织。群益书社(即印刷经销《新青年》的单位,在此指《新青年》)可以作为一个核心把这些革命团体团结在它的周围。中国革命运动最薄弱的方面就是活动分散。为了协调和集中各个组织的活动,正在着手筹备召开华北社会主义者和无政府者联合代表会议。当地一位享有很高声望和有很大影响的教授（陈独秀），现在写信给各个城市的革命者，以确定会议的议题以及会议的地点和时间。"

开了几回座谈会，经过一段时间的酝酿，维经斯基终于把建党的设想明确地向几位"笔杆子"提了出来。

在俄（共）布党员小组的帮助下，1920年5月，陈独秀发起组建了秘密团体马克思主义研究会。研究会的负责人是陈独秀，会员有沈雁冰、李达、李汉俊、陈望道、俞秀松、邵力子等。挂着研究"社会主义"招牌的戴季陶和张东荪因反对成立中国共产党，参加研究会后不久就退出了。此外，杨贤江、刘大白、沈仲九也参加过研究会的几次活动。

上海马克思主义研究会成立后，主要任务是学习和研究马克思主义的理论，酝酿建党问题。他们通过组织座谈会、报告会，翻译进步书籍，撰写文章等方式来宣传马克思主义和社会主义学说。经过学习和座谈，他们更加明白了苏俄和苏共的情况，最终得出了一致的结论，那就是"走俄国人的路"。

中国的知识分子在经历了五四新文化运动后，最终在众多社会学说中，选择了马克思主义，选择了共产主义道路。

1920年5月在上海成立马克思主义研究会是中国人迈出的建立中国共产党的第一步，第二步则是1920年8月陈独秀等人发起成立中国共产党上海早期组织——上海共产主义小组。

陈独秀担任上海共产主义小组的书记，成员有李汉俊、李达、杨明斋、陈望道、沈雁冰、俞秀松、沈玄庐、邵力子、施存统、周佛海、沈泽民、李启汉、林伯渠、袁振英、李中、李季，一共十七人。

中国共产党的第一个正式组织在上海诞生了。

上海共产主义小组一成立,就发函给全国各地具有初步共产主义思想的革命知识分子,约各地社会主义分子在各地组织成立党的支部,并将《新青年》定为上海共产主义小组的机关刊物。上海共产主义小组成了创建全国统一的无产阶级政党的活动中心。

紧接着,从1920年秋到1921年春天,李大钊、张国焘、邓中夏在北京,董必武、陈潭秋在武汉,毛泽东、何叔衡在长沙,王尽美、邓恩铭在济南,谭平山、陈公博在广州,张申府、赵世炎、周恩来在法国巴黎,施存统、周佛海在日本东京,相继发起成立了共产主义小组。

创办中俄通讯社

1920年6月，戴季陶搬离了新渔阳里六号，先是去湖州养病，后又跟随孙中山先生去了广州。临走那天，他站在天井里，抬起头看了看这幢小楼，二楼的玻璃窗上还留着他一时兴起写下的诗句。他在这所房子里居住的时间不长，但留在脑海里的都是让他热血沸腾的画面。想想刚搬进来时的意气风发，想想被迫停刊的《星期评论》，戴季陶的眼泪情不自禁地滚落下来。

杨明斋站在一旁，有些不知所措，旁边这个男人很有思想，很有见地，却动不动就伤感落泪。他温和地劝慰戴季陶："戴先生切莫伤感，等广州的事安排妥当，再回上海。"

戴季陶含着眼泪点点头，走出了新渔阳里六号的大门。这一走，他再也没有回新渔阳里六号，和共产党人之间的情谊也越来越淡了。

杨明斋成了新渔阳里六号新的住户。维经斯基入住霞飞路七百一十六号后，杨明斋也开始物色自己的住所。戴季陶听闻，便跟杨明斋说："我不久就要随中山先生去广州，不如你就住新渔阳里六号吧。"杨明斋想了想，新渔阳里六号离霞飞路七百一十六号近，离老渔阳里二号也近，互相之间往来方便，是个不错的选择。征求维经斯基意见时，维经斯基也说这地方挺合适，杨明斋便定了下来。

戴季陶一走，杨明斋便搬了进来。这是个挺好的房子，没啥需要拾掇的，杨明斋没家眷，也没啥家当，一个人住着觉得挺空旷。

但这空旷的感觉维持了没几天。某日，维经斯基拿着几张报纸走到陈独秀住处，气愤地说道："看看这些报纸，上面刊登的所谓世界要闻，都在歪曲十月革命，攻击社会主义制度，这哪是什么世界新闻？这是当局用来蒙蔽人民的。"陈独秀说："这些消息几乎都得自西方通讯社，它们本身就对于列宁领导的社会主义国家抱敌视态度。"维经斯基说："我此次来华，本来就有意办一个中俄通讯社，一来可以向共产国际和苏俄发送通讯稿，报道中国革命的消息，二来向中国人民介绍十月革命后苏俄的真实情况。"陈独秀表示赞成，和维经斯基商定成立中俄通讯社，就设在新渔阳里六号，由杨明斋负责。中国共产党发起组成立后，该社改由发起组领导，社长仍由杨明斋担任。

中俄通讯社的稿件大部分来自赤塔、海参崴、莫斯科等地，少量从英国、美国、法国的进步书刊转译而来。稿件所涉内容繁多，包括政治、经济、文教、战事、工运、妇运等，形式则有长篇专访、演讲、消息报道等等。

1920年7月2日，上海《民国日报》"世界要闻"栏目首次发表中俄通讯社供稿的《远东俄国合作社情形》，十余天后又发表《中俄通信社俄事消息》。从此，中俄通讯社频频亮相，先后在三十一家国内的报纸杂志刊发过稿件，受关注度也越来越高。

1921年1月19日，中俄通讯社在《民国日报》上发表《新俄国组织汇记》，写道："年来各国多注意于俄国之布尔什维克。始而惧，继而研究其主义，终则多发表其主义如此。其中加以主观的意见者，自然不免互相矛盾……吾国人士知其主义者日多一日，然而能知构造新俄之工具究竟如何者尚属寥寥焉……本社特译其名组织法，以供研究新俄者。"

《民国日报》是中俄通讯社发表文章的主要阵地，共计发表新闻稿和电讯稿近七十篇，有介绍苏俄制度、近况的，如《劳农俄国之新教育制度》《劳农俄国的实业近况》《新俄国组织汇记》等；有介绍列宁生平的，如《列宁与托洛茨基事略》《列宁答英国记者底质问》《列宁关于劳动底演辞》《列宁小史》等；有介绍世界各国共产主义运动情况的，如《远东政闻》《墨西哥工人求均地产》《意工赤化的运动愈烈》《美工界预防未来战争》《巴黎之妇女演说学校》等。这些稿件有力地抨击了敌人对俄国革命的诬蔑，同时也向中国人民真实地介绍了俄国革命。

中俄通讯社还很重视与上海的劳动人民接触，报道中国劳动人民的呼声。该社用采访所得的材料整理成题为《劳动家的社会主义谈》的长篇文章，在《民国日报》上分十多次连载。文章以对话形式控诉了剥削阶级的罪恶，揭露在黑暗社会中"工厂制造种种货物堆积如山，作货物的工人衣服反不足。富者一人有粮食数千担，而贫者终日受饥饿之苦"的现象。

中俄通讯社提供的大量稿件，成了当时中国人了解与研究马克思列宁主义的好教材，为传播马克思主义和党的成立做了舆论准备。

"万里投荒，一身是胆"

杨明斋每天忙忙碌碌，要将中国革命的消息传回俄国，要将国外报纸上刊载的马克思主义理论翻译过来，根本忙不过来。好在不久，陈独秀在北大的学生袁振英就来到上海，住到新渔阳里六号，帮助杨明斋处理中俄通讯社的稿件。俞秀松、施存统、叶天底、金家凤等年轻人也一有空就过来帮忙，协助做稿件的收发、抄写、油印和校对工作。在他们眼里，中俄通讯社也是党的事业的一部分。外国语学社成立后，很多学员也曾到中俄通讯社工作。

很多年轻人都喜欢往新渔阳里六号跑，因而这里聚集了一批有思想有干劲的年轻人，可以听到一些新的思想新的理论，还有一个和蔼好客的主人杨明斋。

曾在外国语学社学习过的曹靖华几十年后回忆起杨明斋，写道："他是一位和蔼可亲的忠厚长者，满口浓重的山东口音，举止稳重得像泰山一样。"

年轻人好奇一脸憨厚的杨明斋为何能讲一口流利的俄语，又为何会参加俄共。

杨明斋起初总是憨憨一笑，避而不谈，时间久了，便也打开

杨明斋

心扉,讲起了过往的经历:"从哪里谈起呢?我离开家乡已经十七年了。我在俄国的时间比在老家的时间还长。"他微微皱起眉头,那些痛苦的往事开始在眼前浮现。

杨明斋1882年3月出生于山东平度马戈庄村一个农民家庭,幼年时,母亲和胞妹相继去世,家境也每况愈下。父亲杨仁鉴是略通诗文的农民,曾当过几年乡约(类似于乡长),在乡里颇具声望。为了使儿子成为知书达礼的读书人,杨仁鉴省吃俭用,尽力供杨明斋读书。杨明斋七岁入私塾读书,聪颖好学,颇得老师称赞。1897年,青岛被德国侵占,受其影响,紧邻青岛的平度县社会动荡,人心惶惑,百姓的生活更加艰难。杨明斋家也越来越贫穷,无力再供其继续读书。1898年,十六岁的杨明斋被迫辍学回家务农,随后,家人为他娶了亲,但不久,新婚的妻子就病逝了。国家处在内忧外患中,家徒四壁,加上妻子去世,这些打击让原本性格活泼的杨明斋变得整天郁郁寡欢。

当时地处胶东的平度流传着一句话："死逼梁山上关东，走投无路下崴子（海参崴）。"走投无路的杨明斋决定出去闯一闯。1901年春，杨明斋先到哈尔滨，随后从哈尔滨辗转到海参崴。当时海参崴有许多从山东来的人，其中就有许多是从杨明斋的老家平度县来的，杨明斋于是通过其族叔介绍，到一家叫"东底子"的小工厂当工人兼记账员，到了晚上，还教工人识字、读书。几年之后，杨明斋已经会说一口流利的俄语了。

1908年，杨明斋离开海参崴，深入沙俄西伯利亚一带，在顿巴斯和库兹巴斯矿区半工半读。当时在俄国的华工苦力多达二三十万，大多在边远地区从事工矿、修路、装卸等繁重的劳动，而且报酬极少，饱受资本家的欺压盘剥。其间，杨明斋最大的收获是结识了不少布尔什维克，并开始接受马克思主义。他慢慢明白了，华侨苦力遭受剥削的原因是阶级压迫和民族压迫，只有全世界无产阶级联合起来，才能推翻反动统治者。第一次世界大战期间，杨明斋参加了布尔什维克党领导的工人运动，并被推选为华侨工人的代表。十月革命爆发前，杨明斋就已经加入了列宁领导的布尔什维克党，被组织安插在帝俄的外交机关当职员，秘密为布尔什维克党工作。

十月革命胜利后，帝国主义和俄国反动势力向新生的苏维埃政权发动了疯狂进攻。杨明斋动员华工参加苏联红军，支援前线，武装保卫苏维埃政权。因其为保卫十月革命成果做出的杰出贡献，杨明斋被保送入大学深造，学习马克思主义理论。完成学习任务后，受俄共（布）党组织的派遣，杨明斋回到了海参崴，担任海参崴地区的华侨负责人。

后来，维经斯基率党员小组来到中国，杨明斋作为翻译，随团回到阔别多年的祖国。在北京大学与李大钊见面时，李大钊问起杨明斋的经历，大为称赞，称杨明斋"万里投荒，一身是胆"。

多年以后，大革命失败，联共（布）和共产国际将失败的责任全部推到陈独秀一个人身上，将其开除出党，党内几乎没有人敢提出反对。唯有杨明斋，毅然挺身而出，一个人冒着生命危险偷越国境，历尽千辛万苦，进入西伯利亚，打算到莫斯科找共产国际，替陈独秀申冤。此举令很多共产党人感动，后来，周恩来提起杨明斋，也称赞其为中国共产党历史上一位受人敬重的"忠厚长者"。

如初春，如朝日，如百卉之萌动

1920年8月22日，一群年轻人陆续来到新渔阳里六号，在此开会，他们是俞秀松、沈玄庐、陈望道、李汉俊、金家凤、袁振英、叶天底。

上海社会主义青年团当即宣告成立，团的机关设在新渔阳里六号。

租界里的缝隙和监视

1920年6月，五四运动过去了整整一年，但带给社会民众心理的冲击仍在。上海租界里的洋人们还尽情享受着"国中之国"的特殊待遇，俄共（布）远东局则走出了"目光东向"战略的第一步——维经斯基率领的党员小组正在有条不紊地执行俄共（布）授予的秘密任务。中国共产党发起组在老渔阳里二号悄然成立，新生的中国共产党如同一株幼苗，悄悄地探出土层，暗暗蓄积着成长的力量。

租界的设立，是中华民族遭受外族侵略、丧失主权的标志。

1840年，英国以战争的方式敲开了中国的大门，一场持续两年的鸦片战争以中国的彻底失败而告终，由此产生了中国近代史上第一个不平等条约——中英《南京条约》。条约当中非常重要的一项内容就是中国的五个沿海城市向英国开放通商口岸，其中包括上海。上海通商之后，大量的外国人涌了进来。为了在中国建立活动据点，从而为各种侵略活动提供更多的方便，他们迫切地需要一块自己的专用地。

1843年11月8日，英国人巴富尔来到上海，出任英国首任驻上海领事。他根据《虎门条约》要求上海道台宫慕久划出一块土地做"居留地",专供英国侨民使用。宫慕久以为华洋分居能避免纠纷,默许了巴富尔的要求。11月14日,巴富尔发出通告,宣布上海于1843年11月17日正式开埠。

在上海被迫开埠后的一百多年里,帝国主义列强纷纷入侵上海,外国的船只从外洋直溯而上,外国人竞相在上海设立租界。

1845年,英国殖民者在上海境域划定英租界。

1849年,法国殖民者要求划定法租界。

1863年,美租界与英租界合并成立公共租界。

整整一个多世纪,上海成了外国侵略者"冒险家的乐园"。

列强践踏,国土沦陷,近代上海逐步形成公共租界、英法租界、华界"一市三治"的奇特政治格局。由于缺乏统一的权力中心的管控,分割的地理格局、不同的行政管理制度、混居的活动人群造就了"无序的活力",城市管理出现了一道道缝隙。

这是物理意义上的缝隙,更是制度意义上的缝隙。这样的缝隙,为中国共产党早期组织的成长提供了一个政治活动的缓冲地带。

然而,城市管理存在缝隙,并不等于这里有管理空白地带,事实上,陈独秀的频繁活动早已引起了上海公共租界工部局的注意。

1920年8月22日,上海公共租界工部局的《警务日报》在"中国情报"一栏中刊登了一则长达三十六行的情报:

陈独秀,前北京大学教授,现居环龙路。据报道称,陈正于该处安徽籍人士中组织一社团,旨在改进一系列安徽事务并废除现任督军……到达上海后，陈独秀去了全国学联和江苏教育联合会，但并没有参加任何学生会议，至此也可以确定他并没有公开卷入到学生动乱中。一般认为，陈独秀是一位相当激进的改革者，在北京时曾撰写过一些书，这些书在发行流通之前就被政府控制了。但是在没收前，学生就从政府圈得到了这些书的一些印本。

这份由工部局警务处处长麦高云呈送总办利德尔的报告，用英文撰写而成，陈独秀的名字被写为Chen Tuh Hsu。

《警务日报》是工部局警务处编制的日报，主要登载警务处各捕房中、西人员变化情况，监狱及各捕房拘押囚犯统计情况，当日捕房管辖范围内发生的火警及各种刑案的情况，等等。《警务日报》中的重要情况，通常会批转给工部局相关部门处理，或提交工部局董事会议及其各委员会——公共租界的决策与咨询机构，以进行讨论。

这份日报，透露出一个重要信息：租界警方已经在密切关注陈独秀的行踪动向，并详细了解了陈独秀在北京和上海的"过激"行为，只是还没有采取行动限制其自由。

陈独秀早年参加过暗杀团，在北京也有过被捕入狱的经历，丰富的斗争经验让他时刻保持着高度警觉。尽管租界的管理相对于其他地区要宽松得多，但他很清楚统治当局对秘密结党建社的容忍程度。暗夜里遽然闪烁的光，在一些渴望黎明的人眼里，是曙光，是希望之光，但在一些企图用黑暗笼罩世界的人眼中，这光，是不速之客，是不被允许出现的异端。新生的中国共产党发起组必须严严实实地保护自己。

该用什么来做掩护呢？

陈独秀的眼光投向了络绎不绝奔向渔阳里的青年们。

启蒙青年，培养青年，团结青年，一直是陈独秀力行的主张。早在1915年9月《青年杂志》创刊时，他就撰写了题为《敬告青年》的发刊词——"青年如初春，如朝日，如百卉之萌动，如利刃之新发于硎，人生最宝贵的时期也。青年之于社会，犹新鲜活泼细胞之在人身……社会遵新陈代谢之道则隆盛，陈腐朽败之分子充塞社会则社会亡。"他寄希望于活泼青年身上，呼唤青年"自觉其新鲜活泼之价值与责任"，号召青年"奋其智能，力排陈腐朽败者以去"。

更重要的是，统治当局对青年社团的容忍度要大得多，对年轻人的集会、活动通常采取默许的态度。是否可以用半公开的青年组织掩护党组织的秘密活动？陈独秀思考着创建青年团的问题。

上海社会主义青年团宣告成立

　　1920年8月一个炎热的下午,中国共产党发起组的成员与维经斯基等人在老渔阳里二号集会,维经斯基讲起了拉扎里·沙茨金的故事:"大家听说过拉扎里·沙茨金的故事吗?他是我们苏维埃俄国的英雄,今年才十八岁。1919年11月,欧洲十四国共产主义青年组织的代表汇聚柏林,召开青年共产国际成立大会。俄国的代表也受到了邀请,但俄国遭到了各国的封锁,要穿越国境线前往柏林,困难重重。拉扎里·沙茨金前往柏林之前,列宁与他做了一次长谈,勉励他克服困难,勇往直前。沙茨金不负列宁的重托,历尽千辛万苦,穿越正处于战争之中的几个国家的边境,秘密到达柏林。开完代表会议,他又成功地返回了苏俄。他是我们苏俄共产主义青年团的书记,他领导下的青年团是布尔什维克的得力助手。"

　　维经斯基的目光停留在几张年轻的面孔上,郑重地说:"今天在座的有好几位年轻人,我希望大家能够从拉扎里·沙茨金的故事里得到启发,以他为榜样,做他一样的英雄。你们也可以成立社会主义青年团,青年人应该有属于自己的组织。"

　　维经斯基的提议,与陈独秀的设想不谋而合,陈独秀说道:

"五四运动为社会主义青年团的创立做了思想上和组织上的准备,创建社会主义青年团势在必行。青年团要成为中国共产党的后备军,或可说是共产主义预备学校,培养青年,团结青年,让青年尽快地成长起来。"

与会者纷纷响应,认为成立社会主义青年团非常有必要。有人提议:"收罗'左'倾及有革命性质的青年,组织社会主义青年团。"但大多数人不同意将青年团的门槛设置得过高,有人说:"加入的条件不可太严,以期能够吸引较多的青年。"陈独秀同意大多数人的意见,说道:"成立之初,不必限制太多,只要有热情有意愿都可以加入。"

陈独秀又对俞秀松说:"秀松,你是我们当中最年轻的党员,就由你来负责筹建上海社会主义青年团吧。青年团成立后,要辐射到全国,让各地的青年团组织也成立起来。"

俞秀松接受了这个任务,开始着手创建青年团。

1920年8月22日,一群年轻人陆续来到新渔阳里六号,在此开会,他们是俞秀松、沈玄庐、陈望道、李汉俊、金家凤、袁振英、叶天底。(施存统因病去日本医治,未参加此次聚会,但因其事前事后为团组织做出的贡献,也被称为社会主义青年团的八个创始人之一。)与往日集会时的相对轻松不同,这一次,与会者的脸上多了严肃和庄重。

在会上,俞秀松汇报了上海社会主义青年团的筹备情况,强调"实行社会改造和宣传主义",认为把要求进步、寻找出路的青年团结在共产主义小组周围的时机已经成熟。与会者一致赞同他的看法,并讨论了创建社会主义青年团的有关事宜。

上海社会主义青年团当即宣告成立，团的机关设在新渔阳里六号。

上海社会主义青年团成立之初，对入团成员没有年龄限制，连四十一岁的陈独秀也是团员——上海共产主义小组的成员，全部都是青年团团员。中国共产党正式成立后也是如此，党员同时也是青年团团员。直到1922年5月团一大通过的《中国社会主义青年团章程》对团员年龄做了规定——"15岁以上28岁以下之青年"。

上海社会主义青年团建立后，俞秀松主持制定了团的章程，开始在先进青年中发展团员。

彼时，经过五四运动洗礼的先进青年，或因学潮被迫离校，或因摆脱封建家庭的束缚，或因渴求了解新的知识与学说，迫切需要"人生导师"的帮助和指导。参加过北京工读互助团、上海工读互助团和沪滨工读互助团的青年，经历了工读互助团的失败，从对社会温和改良的幻想中陡然清醒，也盼望有一个引导和组织青年的革命团体。而《新青年》《星期评论》《民国日报》这三大刊物，经常刊发宣传社会主义思想的文章，耐心为青年答疑解惑，渐渐成为先进青年心中的指路明灯，陈独秀、陈望道、李汉俊、邵力子等各刊主笔也无形中成为青年们心中的精神偶像。不少青年纷纷来到上海，奔赴渔阳里，追随心中的"导师"，寻求实现新的理想的道路。

上海社会主义青年团在这些年轻人中积极发展团员，不到一个月，就发展了任弼时、罗亦农、萧劲光、汪寿华、王一飞、王会悟等三十余名团员。

团组织建立后的第一项重要任务就是帮助青年团员提高政治觉悟和马克思主义理论水平——组织每周举行一次政治报告会，报告的内容多半由党组织规定，报告常由俞秀松来做，陈独秀、邵力子、沈玄庐、陈望道等人也经常去演讲。

有了上海社会主义青年团这个半公开的组织做掩护，党组织就能以青年团的名义开展很多活动。青年团成了中国共产党领导的先进青年的群众组织，也是中国共产党的助手和后备军。

在党的领导下，青年团组织了罢工和其他各种政治活动：组织成立了上海机器工会，办工人半日学校，到工厂和工人中做调查，为《劳动界》撰文，声援工人罢工斗争，参加马克思诞生纪念会，李卜克内西、卢森堡纪念会以及三八国际妇女节和五一国际劳动节等的纪念庆祝活动。在活动中，一大批优秀青年脱颖而出，成为共产党员，还有不少人成为党和团的重要领导人。

到1921年上半年，上海的团员已发展到两百多人。同时，青年团建立了执行委员会，由秘书处、教育处、组织处、调查处、编辑处、宣传处、联络处、图书处等八个处组成，俞秀松任执行委员会书记。

来自渔阳里的秘密信件

1920年10月，正在湖南省立第一师范学校担任附小主事的毛泽东接到一封从上海寄来的信函。

毛泽东打开一看，是陈独秀的亲笔来信。信不长，很简洁地告诉毛泽东，上海社会主义青年团已成立，嘱托毛泽东在湖南组建社会主义青年团。信里还附有青年团的章程。

毛泽东一遍遍地阅读信件和团章，内心非常激动。他想起了石库门弄堂里的老渔阳里二号，想起了几个月前自己去上海与陈独秀会面的情景，想起了陈独秀的殷殷嘱托。

1920年5月，毛泽东第一次踏进法租界霞飞路渔阳里。站在老渔阳里二号门口，看着"《新青年》编辑部"几个大字，毛泽东站立了很久。这不是他第一次见陈独秀，在北京大学时，他就曾见过陈独秀，但那时陈独秀是文科学长，他只是北大图书馆的一名助理员，负责登记来馆读报刊的人名，两人之间的交流极少。毛泽东后来对斯诺谈起这段经历时说："这许多人名之中，我认为有几个新文化运动著名的领袖，是我十分景仰的人。想和他们讨论关于政治和文化的事情，不过他们都是极忙的人，没有时间来倾听一个南边口音的图书馆助理员所讲的话。"

毛泽东有些担心，此次他专程而来，向陈独秀请教关于湖南自治的问题，不知陈先生是否愿意倾听他一个"南边口音"的青年讲话。

出乎毛泽东的意料，陈独秀热情地接待了他，很认真地听他讲话，听不懂他的湖南方言时，还会打断谈话询问，弄懂了就会朗声大笑。

毛泽东说道："去年在北京听了先生许多关于社会问题的精辟见解，受到很大启示。先生创办的《新青年》杂志我最喜欢看。受先生的启发，去年我在长沙也创办了一本刊物，名叫《湘江评论》，以先生倡导的科学、民主为宗旨，宣传新思想、新文化，在长沙比较受欢迎。只可惜后来被军阀张敬尧查封了。"

毛泽东还谈到了他所读过的马克思主义的书籍和苏联十月革命的文章："我喜欢读《马克思经济学说》和马克思的《资本论》第一卷，里面讲到的许多问题，就像是针对中国的情况说的一样。邵飘萍著的《综合研究各国社会思潮》《新俄国之研究》我也看了，受益匪浅。"

陈独秀赞赏地说："你读的还真不少，看来你是一个真正喜欢读书的人。马克思的《共产党宣言》全本，已由陈望道先生完成翻译，主要是从日文和英文对照翻译，我想这个译本比其他摘译本要准确、全面，最近就会出书，到时，我寄几本给你。"

毛泽东听后很欣喜，说："《共产党宣言》的部分章节我断断续续读过一些，很喜欢，今后有了全译本，真是太好了。这本书的出版对马克思主义的传播一定会产生深远的影响。"

毛泽东又说："目前社会主义学说花样繁多，有无政府社会主义，有社会民主党的社会主义，有基尔特社会主义，有科学社会主义，我比较了一下，特别是比较了俄国革命的历史，觉得科学社会主义比较好，因为俄国革命正是在这个主义的指导下取得胜利的。中国革命要取得成功，也离不开社会主义的指导。"

陈独秀很赞同毛泽东的说法，说道："你说得很对，我们也正在研究这个问题。"

在老渔阳里二号陈独秀家的客堂里，陈独秀与毛泽东侃侃而谈，甚是相投。

陈独秀对当年那个默默无闻的北大图书馆助理员没有多少印象，但此次与毛泽东一番长谈后，不由得对这个二十七岁的湖南青年刮目相看。一年多来，毛泽东离开北京回到长沙，创办了《湘江评论》，参加了反对督军张敬尧的"驱张"运动，阅读了大量马克思主义书籍，把新民学会的活动开展得有声有色，对社会问题的看法也日益深刻。他在北大接受新文化，看到了湖南的封闭与落后，立志要改造这一切，要把旧的体制，特别是教育体制推翻。阅历的增多，见识的提高，让毛泽东散发着自信的光芒。投射在陈独秀眼中的毛泽东，好学，敏锐，有社会责任感，有革命豪情，敢想敢干，这是陈独秀期望看到的青年模样。

而毛泽东眼中的陈独秀，博学，有坚定的信仰，有深刻的思想，有超强的号召力，让自己情不自禁地想接近他，从他那里获取精神力量。这年的春夏之际，毛泽东在上海哈同路民厚南里二十九号（今安义路六十一号）居住了两个多月，一有时间就去老渔阳里二号拜访陈独秀。

而此时的陈独秀，正在与来沪的维经斯基一起，筹划成立中国共产党发起组，他的思想和行动都深深影响着毛泽东。毛泽东后来回忆说："我第二次前往上海，在那里我再次见到了陈独秀。""曾经和陈独秀讨论我读过的马克思主义书籍，在我一生中可能是关键性的这个时期，陈独秀表明自己的信仰的那些话，给我留下了深刻的印象。""他对我的影响也许超过任何人。""我一旦接受了马克思主义对历史的正确解释以后，我对马克思主义的信仰就没有动摇过……到了1920年夏天，在理论上，而且在某种程度的行动上，我已成了一个马克思主义者了，而且我也认为自己是一个马克思主义者了。"

1920年7月，毛泽东离开渔阳里返回长沙，临行前，陈独秀说道："你回长沙后，也要把长沙的党、团组织建立起来。到时我会把相关资料寄给你。"毛泽东认真地点点头，郑重地允诺："先生放心，回长沙后，我们就以新民学会为基础，把建立青年团和研究马克思主义这两件事先做起来。"

陈独秀把毛泽东送到弄堂口，目送他远去，赞许的目光追随着他，追随了很久。

此次渔阳里之行，也是毛泽东选择参加中国共产党、选择信仰马克思主义并为之奋斗的真正开端。

从上海回到长沙后，毛泽东就把主要精力放到了传播马克思主义和筹建党、团组织上。

接到陈独秀从上海寄来的信函和社会主义青年团章程后，毛泽东立即在长沙开始了建团工作。他发展的第一批团员，多半是参加过革命斗争、经过五四运动考验的新民学会会员，以及进步的青年学生和青年工人。1920年底，中国共产党湖南早期组织和

青年毛泽东

长沙社会主义青年团正式成立，毛泽东担任长沙社会主义青年团的书记。

在长沙团组织的建立过程中，毛泽东特别强调要注意团员发展的质量。长沙第一师范学生张文亮在1920年的日记中写道："十一月十七日。接泽东一信，送来青年团章程十份，宗旨在研究并实行社会改造。约我星期日上午去会他，并托我代觅同志。""十一月二十一日。会见毛泽东（在通俗馆），云不日将赴醴陵考察教育，并嘱此时青年团宜注意找真同志，只宜从缓，不可急进。"12月2日，毛泽东又嘱张文亮"多找真同志"。

毛泽东在建团过程中，十分注意提高团员对各种社会主义流派的识别和分析能力，用马克思列宁主义教育青年，特别是受无政府主义思想影响的青年——1920年到1921年，许多长沙青年都曾受到无政府主义思想的严重影响。湖南劳工会领导人黄爱、庞人铨就信仰无政府主义，毛泽东于是经常找他们谈心，耐心启发、帮助他们，最终让两人从信仰无政府主义转为信仰马克思主义，并加入了社会主义青年团。入团后，黄爱、庞人铨积极从事工人运动，不幸于1922年1月17日被反动军阀杀害。团中央机关刊物《先驱》发表文章，称赞他们是"好团员"，是"中国无产阶级最能奋斗的指导者"，"是第一批为了共产主义事业而死的人"。

毛泽东也非常重视让团员到工农当中去。他以身作则，到过长沙的许多工厂，像纺织厂、造纸厂等。他还到铁路工人、搬运工人中去了解情况，同他们交朋友。在1922年到1923年期间，毛泽东派出两批重要党、团骨干到工人中间开展工作，发展党、团成员。在各地早期团组织中，学生团员占多数，但在长沙社会主义青年团中，工人团员却比较多，这与毛泽东的建团思想是分不开的。

在毛泽东的大力推动下，长沙社会主义青年团发展得很快，到1921年春，已发展了四十多名团员，并在组织内设立了学生运动委员会、劳工运动委员会和教育委员会。团组织内思想比较一致，主张通过激烈的社会革命直接走社会主义道路的团员占绝大多数。另外，团员们还在加强自身建设的同时，积极地开展了工人运动。

渔阳星火，辐射全国

不只是长沙。

广州、北京、天津、武汉、安庆、杭州等地的共产主义者和先进青年也相继收到了从渔阳里寄发的团章和信函，初创的上海社会主义青年团积极发挥着国内青年团发起组的作用，联络各地组织创建社会主义青年团。各地纷纷响应，建立起了各具特色的地方性团组织。社会主义青年团如雨后春笋，蓬勃发展，在红色源头渔阳里点燃的星星之火，以燎原之势，迅速向全国辐射。

到1921年初，全国各地已有团员一千多人。3月，中国社会主义青年团临时中央执行委员会在上海成立，俞秀松担任临时团中央书记①。

广州社会主义青年团是陈独秀函约谭平山、陈公博等人创建的。谭平山、陈公博是北京大学毕业的学生，经受过五四运动的洗礼，曾经手执写有"拒绝和约""还我青岛"标语的小旗，参加五四运动的示威游行。五四运动如火如荼的斗争也激发了谭平山和陈公博的爱国热情，促使他们创办了《政衡》

---

① 上海团临时团中央执行委员会成立时间说法不一，大概有三种：一是1920年11月；二是1921年3月；三是1921年11月。本书采用第二种说法。

小报。谭平山先后在《政衡》上发表《谁是制造社会革命的工人》《中国政党问题及今后组织政党的方针》《我之改造农村之主张》等理论文章。1920年夏，谭平山和陈公博从北京大学毕业后回到广州，谭平山担任了广东高等师范学校的教员。

收到陈独秀的信件后，谭平山和陈公博立即发动成立了广州社会主义青年团。他通过同乡、同学、同事等的关系，结识了一批在五四运动中涌现出来的先进青年，在他们中发展了十几名团员，并召开了广州社会主义青年团的成立会。同年10月20日，广州社会主义青年团创办了《广东群报》，利用刊物宣传五四革命精神，介绍十月革命和马克思主义，团结进步青年，促使广东革命运动深入开展。陈独秀在《广东群报》创刊号上发表了《敬告广州青年》一文，以示对广州社会主义青年团工作的支持。

北京社会主义青年团是较早建立的几个青年团组织之一，是在李大钊的亲自指导下成立的。北京是五四运动的发源地，又是当时全国政治的心脏，北京的革命活动较之各地更加活跃。1920年10月，北京共产党组织建立后，按照上海社会主义青年团建团的要求，立即着手筹备建立北京社会主义青年团。

1920年11月，在李大钊的指导下，北京社会主义青年团第一次会议在北京大学学生会办公室召开。北京大学学生会主要负责人高君宇被推选为青年团书记。同时，李大钊也加入了北京社会主义青年团，直接领导青年团的活动。

李大钊亲自领导下的北京社会主义青年团不但成立时间早，而且人数多，活动频繁，影响范围广，始终站在中国革命斗争的前列，培养和教育了一大批优秀革命家，真正发挥了中国共产党助手的作用：北京社会主义青年团不仅注意联络各校进步学生，发展组织，而且创办劳动补习学校，向工人宣传马克思主义，在北京工人中发挥了骨干作用；同时，青年团组织还在党组织的领导下帮助其他地区，如天津、唐山、济南等地建立党、团组织，这对推动当时的北方革命乃至全国的革命运动都发挥了不可低估的作用。

张太雷是北京共产党早期组织成员，受李大钊指示，负责筹建天津社会主义青年团。天津社会主义青年团的宗旨是"研究和实现社会主义"，实现其宗旨的方法是："（1）帮助工人组织起来，并对工人进行教育工作；（2）调查工人的状况；（3）散发文献书籍；（4）基础的宣传鼓动；（5）组织讨论；（6）出版文献读物；（7）邀请名人讲演；（8）组织研究社会；（9）协助组织罢工。"团的宗旨和方法决定了该团的主要成分是青年学生和工人。

天津社会主义青年团把上海共产主义小组出版的《共产党》月刊和《共产党宣言》介绍给群众，把李大钊在《新青年》上发表的《我的马克思主义观》印成小册子在天津发行，影响很大。

天津社会主义青年团还把宣传马克思主义同工人运动结合起来。青年团建立不久，就经过酝酿研究，于1921年1月4日开始在天津公开出版一份八开的以工人为对象、指导工人运动的报纸——《来报》。"来报"既有弃旧世界，争取新世界的意思，又是英文"劳动"（labour）一词的译音，象征这是劳动人民的报纸。

高君宇

张太雷

1920年秋，在上海党、团组织的指导下，董必武接受了筹建湖北党、团组织的任务。

武汉中学是湖北早期党的活动中心，是董必武、陈潭秋于1919年秋为了宣传革命、教育青年而在湖北教育会旧址武昌涵三宫创办的学校。他们的着眼点是要建设武汉中学这个阵地，宣传马克思主义，传播新文化、新思想，开展革命活动。他们常常对学生讲：穷酸也能办好事，破屋偏能出人才。在教学方面，他们有一套新的计划和新的教学方法。他们播下的火种使武汉中学成了革命青年的摇篮。

建团工作就以武汉中学为重点展开，同时吸收其他学校的先进青年学生参加。1920年11月7日是十月革命三周年纪念日，上午9时，武昌社会主义青年团召开了第一次组织会议，这实质上是

如初春，如朝日，如百卉之萌动 | 187

武昌社会主义青年团的代表会议，它正式宣告了武昌社会主义青年团的成立。会议还确定了武昌社会主义青年团的宗旨，即"研究社会主义，实践社会主义的思想"。

根据第一次组织会议通过的团章，武昌社会主义青年团每星期开一次会，每次都有宣传报告，有详细的记录，并向中央报告。在武汉党组织的领导下，武汉地区先后吸收了各大中学校的二十余名先进知识青年加入团组织。党组织对青年团员的马克思主义教育也抓得很紧，指导团员学习了《资本论入门》《共产主义ABC》等读物。陈潭秋还经常给团员和青年学生做报告，讲述马克思、列宁的生平和学说，介绍俄国十月革命的经验。另外，武昌社会主义青年团还和上海、北京、天津、广州、长沙等处的青年团组织保持了密切联系，互相通报情况，交流经验。

安庆社会主义青年团最初是受团临时中央执行委员会直接领导的一个支部。五四运动的洗礼和马列主义的传播促进了青年知识分子和工农运动的结合。在实践中，安庆信仰与研究马列主义的进步青年日益增多。为了实现彻底改造中国的革命理想，一批先进青年产生了结社的要求。这就从思想上、组织上为安庆建团准备了条件。

1921年4月，安庆社会主义青年团成立大会在安庆菱湖公园正式召开，这次大会又被称为菱湖会议。大会宣布了安庆社会主义青年团的成立，与会人员学习了团章，研究了团的工作。

安庆社会主义青年团在上海团中央的领导下积极开展了一系列宣传和组织活动，进一步加强了对全省学生运动的领导和对工农运动的支持。当时省学联的骨干大多加入了团组织。一些青年团员还在安徽第一师范学校宿舍内秘密办了一个"图书馆",传阅马列主义书籍和进步刊物。

弄堂里的外国语学社

新渔阳里六号的大门外挂起了一块木牌,上面写着几个魏碑体的大字——"外国语学社",白色的底,黑色的字,透着开张大吉的朝气。

1920年9月。转眼已是初秋，季节的轮换让万物生长荣枯，新旧物事随周遭环境的变幻悄然更替，一些旧的东西在瓦解，一些新的希望在暗地里默默生长。

门口挂起了"外国语学社"牌子

老渔阳里二号的小院一角，种了几株竹子，枝干还很细嫩，但根系已在地下不动声色地蔓延。这里的秘密集会仍然频繁，中国共产党发起组运筹帷幄，建党的网络已向全国各地悄悄延展。

新渔阳里六号依然人来人往，时不时有年轻人的笑声穿透院墙。隔壁的住家不知道这里已经成立了上海社会主义青年团和中俄通讯社，只是纳闷为什么这里每天都有那么多年轻人，他们在做些什么。

很快，邻居有了答案。新渔阳里六号的大门外挂起了一块木牌，上面写着几个魏碑体的大字——"外国语学社"，白色的底，黑色的字，透着开张大吉的朝气。

招生广告在《民国日报》的醒目位置连登了好几天——从1920年9月28日一直到10月2日。广告写道：

外国语学社招生广告

　　本学社拟分设英、法、德、俄、日本语各班,现已成立英、俄、日本语三班,除星期日外每班每日授课一小时,文法读本由华人教授,读音会话由外国人教授,除英文外,各班皆从初步教起。每人选习一班者月纳学费二元。日内即行开课,名额无多,有志学习外国语者请速向法租界霞飞路新渔阳里六号本社报名。此白。

　　邻居恍然,哦,原来是办外国语培训班,怪不得那么多年轻人。租界里的人五洋杂处,自诩见多识广,看到办外国语培训班便觉得没啥大惊小怪的。

　　学生们从四面八方来了,大多是二十岁左右的年轻人,说话南腔北调。

　　外国语学社虽然登报公开向社会招生,但那只是掩人耳目的幌子,多数学生还是由各地共产党早期组织介绍来的,来的目的很明确——在这里学俄语,然后去苏俄留学。奔赴十月革命的故乡,这是很多进步青年心中的向往。当然,去苏俄留学在当时是受到当局管制的,不能宣之于口。

　　彼时,中国的青年向往着苏俄,苏俄也希望全世界有越来越多信仰马克思主义的青年。1921年4月,东方劳动者共产主义大学在莫斯科创办,斯大林亲自担任名誉校长,学校的办学目的就是培养苏俄本国东方民族和亚洲各国革命干部。东方大学在筹备阶段,就热情地向中国共产党早期组织伸出橄榄枝,邀请其派遣中国的优秀青年前去留学。陈独秀接到莫斯科发来的邀请,很高兴,说:"这是大好事啊!让年轻人去系统地学习马克思主义,

《民国日报》上的招生广告

几年后,一批信仰马克思主义的青年干部就培养起来了。"

陈独秀素来行动力极强,上海社会主义青年团一成立,他就让青年团着手筹办外国语学社,由杨明斋任社长,俞秀松任社秘书,具体负责教学事务。

外国语学社从开办到最后解散,历时不过一年多,但它留下了一份熠熠生辉的学员名单——刘少奇、萧劲光、任弼时、罗亦农、柯庆施、汪寿华、谢文锦、王一飞、梁柏台、李启汉、陈为人、任作民、傅大庆、蒋光慈、韦素园、曹靖华、周伯棣等等。曾经在这里学习生活过的青年从小弄堂石库门这片小天地中走出来,踏出国门,慢慢登上了广阔的历史大舞台。

去上海,为了奔赴十月革命的故乡

刘少奇第一次走进法租界霞飞路新渔阳里是1920年10月的一个下午,那年他二十二岁。法租界里随处可见的洋人,霞飞路上的香衫丽影,让刘少奇有一种置身国外的恍惚之感。他为这座城市的繁华惊叹,但一想到这么好的城市居然成了外国人的天堂,心里就觉得别扭。

他和伙伴们一路风尘仆仆找找停停,终于看到新渔阳里六号门前挂着的"外国语学社"的木牌,六个湖南伢子欣喜地叫了起来:"找到了!就是这里!"

院子里有学生叫了一声:"杨先生,有新同学来了。"一位中年男子闻声迎了出来。男子长相敦厚,举止沉稳,有人给刘少奇他们介绍说:"这是我们外国语学社的社长杨明斋先生。"刘少奇连忙上前鞠了一躬,礼貌地说道:"杨先生好!我们是从长沙来的,贺民范先生介绍我们来这里参加外国语培训班。"说着,他递上了贺民范先生写的介绍信。杨明斋看罢介绍信,笑着道:"是贺先生介绍来的湖南学生啊,欢迎欢迎!"他又转过头吩咐一个学生说:"快把启汉、为人他们叫来,他们湖南的老乡来了,让他们多照顾。"

刘少奇跟着杨先生走进新渔阳里六号的大门，这才看清了外国语学社内的情形：这是一幢两上两下的小楼，底楼的西厢房较为宽敞，改成了教室的模样，挤挤挨挨地摆满了桌椅，前方挂着一块大黑板。底楼的东厢房是杨明斋的办公室，里面除了办公桌，还摆着一张长条桌，上面放着油印机、报纸、书籍，两个年轻人正埋着头在蜡纸上刻着什么。

杨先生介绍说："已经到了十来个学生，课已经开起来了，不过今天下午没有课，学员们在帮我做事。"

杨先生又问："介绍信上写了七位学员，怎么才来了六位？还有一位呢？"

和刘少奇同来的湖南伢子刘汉芝笑道："还有一位是周庠，他刚结婚不久，走到半路上想家了，就转身回去了。"大家笑了起来。

杨明斋有片刻的怔忡，许是想起了新婚不久就去世的妻子，但他很快就神色如常地呵呵笑着说："儿女情长，当了逃兵。"

两位青年走了过来，一进房间就用湖南话打招呼——他们是先到的湖南青年李启汉和陈为人。看到又来了好几个同乡，李启汉很热情，帮着登记造册、介绍情况。李启汉告诉刘少奇，这个班里的学员主要来自湖南、浙江、安徽等地，湖南人最多。

晚饭是在外国语学社吃的。学社请了一个中年伙夫做饭，学员在这里搭伙的话，每个月交两元钱。刘少奇身上带的钱不多，也不知道要在这里学多久，便和同来的学员一起商议，决定六个人包五份饭匀着吃，勉强果腹。正是年轻力壮需要营养的时候，此后的几个月，几个小伙子每天不到饭点就听到肚子抗议声不

外国语学社

断,饿狠了,就去厨房舀上一勺冷水,咕嘟咕嘟灌下去。

晚上,刘少奇和其他学员一起上楼睡觉。楼上有三间卧室。两间是亭子间,都不大,杨明斋住一间,俞秀松和李启汉合住一间。另一个大房间是集体寝室,来得早的学员搭了几张简易床铺,后面来的只能打地铺,十多个学员躺在一起,一个紧挨着一个。初来乍到的几个湖南学员看什么都新奇,很晚了还在兴奋地聊着天。

睡在隔壁的杨先生走过来,咳嗽了一声,温和地说道:"你们赶了几天路,累了吧?早点休息,明天早起要上课。"

室内瞬间安宁,不多时,打鼾声、梦呓声、磨牙声便此起彼伏。

刘少奇安静地躺着，回想着这几年走过的路，一次次信心满满的憧憬，一个个流散的希望，走马灯一般在脑海里回旋，这一次，未知的前路上等待着他的又是什么？

他也曾壮志凌云，渴望穿上军装建功立业。1917年春天，刘少奇抱着投笔从戎的愿望，借用六哥朋友刘丰生的名字，考进湖南陆军讲武堂。他由衷地喜欢讲武堂开设的课程——筑城学、兵器学、战术学、马术学、地形学、军制学、交通学、卫生学等等，总觉得这些课程里藏着克敌制胜的法宝。他学得非常投入，满心憧憬着将来成为一名英勇的战士。不料只学了半年多，南北交战，讲武堂被毁，学员们便被迫脱下军装四散而去。刘少奇抱着心爱的课本，恋恋不舍地离开了讲武堂。回到家，他一有空就拿出讲武堂的课本自学，幻想着有一天能重返讲武堂。但是，他的愿望最终还是在遥遥无期的等待中落空了。

他也曾热血沸腾，参与过爱国学生运动。五四运动爆发的时候，他正在长沙东门外的育才中学就读。看到长沙的一些学生组成爱国十人团，慷慨宣言"挽救危亡，生死以之"，刘少奇心中的激情瞬间点燃。他昂首挺胸加入爱国学生的队伍当中，走上街头散发传单。

他也曾向往去北京大学，与那些优秀青年做校友。他日夜苦读，最终成功考取了北大。然而，高昂的学杂费成了一道拦路索，把他无情地挡在了北大门外——每年的学杂费需要几百元，而且要读六年，这哪里读得起啊？思虑再三，刘少奇痛苦地放弃了北大，转而报考免费的兽医学校，很快就被录取了。

他也曾经彷徨踟蹰，不甘心沦为平庸的人。远大的抱负不能实现，心仪的学校失之交臂，这让刘少奇颇为惆怅。入夜，他默默地走在北京的街头，道旁的路灯闪着微弱的光，把他的身影拉得很长。他叹了一口气，黯然地想：这个国家该何去何从？我该何去何从？走过天安门，他远远地听见天安门广场上人声鼎沸，有人在情绪激昂地喊着口号。他走近一看，原来是天津的学生代表正在示威请愿，要求释放被捕的学生领袖马骏。学生们的慷慨演讲深深地触动了刘少奇，他想：社会问题不解决，个人是没有出路的。我如果去兽医学校就读，将来毕业只能解决个人工作问题，但是这个国家还有很多社会问题需要有人去解决，我难道就这样放弃自己的抱负吗？

他也曾梦想远赴法国，探寻一条救国新路。没有足够的钱上北大，又不甘心上免费的学校，还有什么路好走？刘少奇思前想后，萌生了去法国勤工俭学的想法。他去向湖南同乡、北京政府教育总长范静生请教，咨询赴法勤工俭学是否可行，范静生告诉他："保定育德中学办了一个留法预备班，建议你去试试。"刘少奇立即动身，赶往保定，进入育德中学留法高等工艺预备班学习。育德中学的校长王国光思想进步，刘少奇在那里读到了不少革命书籍和刊物，也度过了难忘的半工半读生涯。一年多时间里，他学会了打铁，翻砂，做钳工、车床工，学习了法语，也强健了体魄。1920年，他从保定育德中学留法高等工艺预备班毕业，满心期待踏上前往法兰西的征途，却正逢直奉军阀战争爆发，铁路交通中断，他回不了家，更找不到去法国的路子，只得暂住在鼓楼大街同学家中。一两个月后，火车终于通了，他急匆匆地奔回长沙，谁知一盆冷水兜头而下，最后一批赴法勤工俭学的学生早已

弄堂里的外国语学社 | 199

出发了。

刘少奇深感沮丧，当兵当不了，北大上不了，法国去不了，这以后的路该怎么走啊？

他跑去船山学社向贺民范先生请教——湖南船山学社是民国初年湖南一部分文人学士为讲王船山的学说而成立的，贺民范是社长，刘少奇曾到学社听过几次讲学。

刘少奇向贺民范诉说了自己的求学经历，苦恼地问："贺先生，我该怎么办呢？还有什么路好走？"

贺民范注视着刘少奇的脸，沉吟了一会儿，起身关上办公室的门，放低声音问道："你想不想去苏俄留学？"

"苏俄？"刘少奇一怔，这他倒是没想过，因为之前他从来没有听说过有人去苏俄留学。但是苏俄多好啊，那可是十月革命的故乡！"能去苏俄我当然很愿意啊，但是怎样才能去呢？"

贺先生微微笑着，示意他轻点声，又悄声说道："我可以当介绍人，介绍你去上海留俄预备班学习，在那里培训完了就能去苏俄。"

刘少奇后来才知道，贺民范是受到陈独秀的委托，在湖南发展组织的。这一年间，湖南大变样，赵恒惕赶走了张敬尧，高唱"实行民治"。到北京发动"驱逐张敬尧"运动的毛泽东也回到了长沙，创办了文化书社，传播新思想、新文化，还组织了俄罗斯研究会，发起了赴俄勤工俭学活动。毛泽东通过船山学社社员何叔衡的介绍，同贺民范合作，利用船山学社的房屋和每月四百元的经费，办了个自修大学，做公开研究马克思主义的场所。

刘少奇听了贺民范先生一番指点，顿时感到"山重水复疑无路，柳暗花明又一村"。他兴冲冲地回到家里，收拾行装，告诉家人自己准备出国勤工俭学。他的母亲担心儿子去了国外以后再难相见，流着眼泪不让他走。刘少奇安慰母亲说："我也舍不得离开母亲，想陪着母亲，但我还年轻，应该多学本领，学好了本领，才能为国家出力，也才能更好地陪着母亲。"刘少奇的七哥、七姐怒斥他不孝不悌，但他仍义无反顾地离开家门，踏上了前往上海的路。

刘少奇和吴先瑞、刘汉芝、周犀等七位湖南青年结伴而行，从长沙出发，先坐小火轮沿湘江到岳阳，再从岳阳换江轮，沿长江顺流而下。站在船头，望着滚滚长江水，年轻人的心中如万马奔腾，豪气冲天，想象自己这一次出发，定能干出一番大事业。未料，出发没多久，周犀就不停地嘟嘟囔囔，说不想去上海了。原来周犀新婚不久，他舍不得新婚的妻子，想家了。最终，周犀掉头而去，踏上了回家的路。刘少奇看着周犀转身而去的身影，怅然若失，这一路，有人会在途中相遇，有人会中途离开，最后同行的会有谁？

学习俄语，也学习《共产党宣言》

刘少奇等人在新渔阳里六号的楼上住了几日，觉得楼上过于拥挤，有诸多不便，便在湖南同乡彭述之的帮助下在附近租了一幢价格便宜也很舒适的小房子，搬出去住了。

刘少奇有过保定育德中学留法高等工艺预备班的学习经历，很快就适应了外国语学社的生活。

外国语学社开设的语言课程主要是俄文课。第一节俄文课是社长杨明斋上的。杨明斋在俄国做劳工时曾经当过扫盲班的教员，教学生很有耐心，每次听到学生读对了字母，他憨厚的脸上都会露出赞许的笑容。几十年后，外国语学社的学员回忆起当年的学习生涯，依然记得是杨明斋教会他们第一个俄文单词的。

杨明斋经常很忙，除了管理外国语学社和教学，他还有很多事要做。他忙不过来时，维经斯基的夫人库兹涅佐娃就过来给学员上俄语课。库兹涅佐娃二十多岁，金发碧眼，教俄语教得很好，但她的汉语很蹩脚，怪腔怪调，常常引人发笑。

1921年春节刚过，杨明斋带着一位端庄秀丽、娇小玲珑的小姐进了教室，给学员介绍说："这是王元龄小姐，从今天起担任我们的俄文教师。"王元龄1902年出生，那年才十九岁，比外国语学社很多学员的年龄还要小。这么年轻，当我们的教师？学员们一阵骚动，在底下交头接耳起来。王元龄落落大方地站着，听杨明斋介绍完就开始给学员上课。很快，学员们就喜欢上了这位打扮时髦、声音甜润的老师，把她当老师一样尊敬，也把她当妹妹一样爱护。这份感情持续了很久，后来学员们离开外国语学社，在前往莫斯科的途中，还用俄文给王元龄写信，描述一路上的艰辛。多年以后，几位学员与王元龄在莫斯科重逢，激动万分，抱着她又唱又跳。

学员们后来得知，王元龄尽管年龄小，但经历不简单，而且俄语水平相当高。王元龄原籍上海，其父是同盟会会员王维祺，因追随孙中山先生从事推翻清政府的活动，遭到清廷通缉，被迫远渡重洋，流寓日本。王元龄出生于东京，童年是在日本度过的。1910年，八岁的王元龄被姨父李家鳌领养。李家鳌是清朝官吏中颇具远识者，他在与沙俄政府的长期接触中痛切地认识到，中国政府不了解俄国的情况，所以在外交上经常蒙受损失。他上奏朝廷，建议政府出资开办俄语学校，招收二十名男学生、二十名女学生，把他们培养成"俄国通"。这一奏议很快被批准，王元龄由此成为第一批学俄语的女学生之一。

清政府被推翻后，王元龄转入哈尔滨中东铁路公司女子商务学校预备班学习。学校为了让学生们有一个好的语言环境，熟悉俄国人的风俗习惯，安排学生到俄国人家里住宿。王元龄的房东是一位热情的老太太，非常喜欢王元龄，把她视作自己的孩子，经常和她交流，热心辅导她。在这种语言环境的熏陶下，王元龄的俄语口语能力突飞猛进，很快就能说一口流利的俄语了。

王元龄

　　1920年5月,王元龄毕业后回到老家上海。陈独秀在日本留学时就与王元龄的父亲王维祺相识,得知王元龄精通俄语,正在上海,即向王维祺提出邀请王元龄到外国语学社执教的请求。

　　王元龄初出校门,王维祺对其能否胜任教职没有把握,因此颇感踌躇。陈独秀又请杨明斋前往接洽,终于打消了王维祺的顾虑,请到了王元龄。

　　王元龄一般都是下午来外国语学社讲课。她俏丽的身影一出现在大门口,学员们就开始兴奋,有的上前问候寒暄,有的拿出照相机给她拍照。学生们刚刚接触俄语,很多音读不准,王元龄便很耐心地辅导他们,一遍一遍,不厌其烦,直到学员们读对每一个音,拼对每一个单词,弄清楚每一个句法。下课了,学员们自告奋勇争着抢着要送王元龄回家:"王小姐,今天我送你。""昨天你送过了,今天我们送。"王元龄笑得眯起眼睛:

"好,一起送,正好一路上练习口语。"杨明斋对王元龄也很有好感,只要在社里,每次王元龄讲完课,他都会客客气气地把她送到弄堂口,目送她走远。

除了俄文课,外国语学社还开设了日文课、法文课和英文课,李达教日文,李汉俊教法文,袁振英教英文。

一日,刘少奇来到教室,看到每个学员的课桌上都放着一本书,书的封面上印着一个长着大胡子的外国人,书名写作《共产党宣言》。外国语学社的秘书俞秀松很恭敬地引着一位三十岁左右的先生走进教室,给学员们介绍说:"我们今天请来了复旦大学的教授陈望道先生来给我们讲授《共产党宣言》。这本书就是由陈望道先生翻译的。"

陈望道先生身材不高,声音也不高,讲话时略带浙江口音。这是刘少奇他们初次接触《共产党宣言》,尽管字都认得,但好些术语都弄不明白。好在陈望道先生学识渊博,课讲得深入浅出,很快便让学生们了解了《共产党宣言》的重要意义,学生们都很尊敬他。陈望道先生每次来上课,身上总是喷着香水,熏得教室里香极了——可能陈先生在留学时养成了喷洒香水的习惯。很多学员没见识过这种"西洋景",常常觉得稀奇可乐。

外国语学社还建了一个小小的图书社,是沈雁冰捐了八十元稿费建起来的。刘少奇几乎没有个人爱好,他不参加闲聊,也不随便上街,就喜欢看书,闲暇时间都用来学习俄文,阅读书籍,几乎看遍了图书社的书。新渔阳里六号二楼的亭子间有一部陡峭的楼梯,攀缘而上可以到达顶楼的晒台。刘少奇经常爬上晒台,在那里仰望蓝天,看鸽子飞过,然后安安静静地看书,一坐就是一下午。

站在晒台上，还能隐约看到法租界环龙路一百弄老渔阳里二号，那是陈独秀的住所，也是《新青年》杂志编辑部所在地。刘少奇和他的同学们经常去老渔阳里二号，有时是送资料，有时是拿文件，有时则是帮着杂志社做些抄写、校对工作。

陈独秀也常来新渔阳里六号，给学员们开会、讲政治课或者给上海社会主义青年团的团员布置工作。学员们刚来时，上海社会主义青年团对他们的情况还不熟悉，经过一段时间的考察，就组建了工读互助团，让刘少奇担任负责人。参加工读互助团后，学员们除了学习，还参加一些政治斗争，也帮忙做工——一般是上午学俄文，下午除学习外，有时刻钢板、印传单，有时到工厂做联络工作，上街散发传单，遇有纪念日，就参加游行；做工主要是帮上海共产主义小组编辑出版的《劳动界》以及华俄通讯社等做些抄写、校对工作。上海社会主义青年团根据学员的表现，在他们中间发展了三十多名团员。

在这个红色弄堂里，学员们初步接触马克思主义，并渐渐加深理解，逐步树立起了马克思主义信仰，遥远的莫斯科也渐渐明晰，成了他们心目中一个终将抵达的目的地。

星光熠熠的外国语学社学员名单

一百年前，五六十名来自全国各地的学员会聚到新渔阳里六号，在这里学习俄语，学习基本的马克思主义理论，听演讲，参与社会实践，又从这里出发，走出国门，走向世界。那时，大概谁也不会想到，他们当中，将来会出现国家主席、政治局委员、海军司令、著名工运领袖、著名文学家、著名翻译家……

任弼时是湖南湘阴人。他比刘少奇略晚几天到达上海，是与萧劲光等一行六人从长沙结伴而来的。那年他才十六岁，是外国语学社中年龄最小的学员。来长沙之前，他参加了毛泽东、何叔衡组织的俄罗斯研究会，从那里得知上海开办外国语学社的信息，并被推荐过来学习。在新渔阳里六号，任弼时学习俄语，接受马克思主义启蒙，加入了社会主义青年团。1921年春，他同刘少奇等人一同前往莫斯科东方大学学习。1922年，他正式成为中国共产党党员，那年他还不到十八岁，是当时党内年龄最小的党员。回国后，他在上海的共青团中央工作。"八七会议"上，他当选为中共临时中央政治局委员，当时年仅二十三岁。

任弼时是真正的勇士，他两次遭到敌人逮捕，被施以头顶窑块、膝跪铁链、"老虎凳"、电刑等酷刑逼问口供，都英勇不

外国语学社学员

屈，缄口不语，最终保住了秘密。1933年开始，任弼时在湘赣边区任红六军团和后来的红二方面军的最高政治领导人，1940年在延安任中共中央秘书长，1945年任七大大会秘书长，与毛泽东、刘少奇、周恩来、朱德并称为"中央五大书记"，1947年在陕北任中央支队司令员。1950年10月27日，任弼时因积劳成疾，病情恶化，与世长辞，时年四十六岁。叶剑英在悼念他时说："他是我们党的骆驼，中国人民的骆驼，担负着沉重的担子走着漫长的艰苦的道路，没有休息，没有享受，没有个人的任何计较。"

萧劲光是湖南长沙人，比任弼时年长一岁，他与任弼时一同来到上海，一同参加外国语学社学习，也一同前往苏俄留学。在学习过程中，他领悟到俄国十月革命的成功是枪杆子打出来的，中国人要走俄国人的路，绝对不可缺少军事家，他要做中国的军事家。1925年秋，萧劲光完成东方大学的学业，回国投身大革

俞秀松与部分外国语学社学员合影（后排中为俞秀松，前排左一为罗亦农，前排左二为袁笃实，后排右一为谢文锦）

命的洪流，在北伐军中度过了一段峥嵘岁月。大革命失败后，他再次踏上赴苏学习的征途，进入培养红军高级军事人才的托尔马乔夫军政学院学习。他如饥似渴地钻研军事理论，从步兵操典、战争条令，到战术学、战役学，从指挥学到军队政治工作，他都一一涉足。他认真做好每一个沙盘作业和战斗设想，认真参加每一次实战演习，认真研究苏联红军的优秀战例，认真剖析自己在北伐中经历的战役、战斗。他遨游在军事海洋里，眼界越来越宽阔，军事理论根底越来越深厚，最终成为我军第一个专业的军事指挥的军事家。抗战时期，在延安的窑洞里，毛泽东风趣地对时任八路军留守兵团司令员的萧劲光说："劲光，你是科班出身的第一个学军事的军事家啊，我们可都是'土包子'。"1949年10月，衡宝战役的炮声刚刚停息，毛泽东便急电萧劲光进京，令他组建海军。1950年1月12日，中央军委颁布命令，任命萧劲光为中国人民解放军海军司令员。1955年,萧劲光被授予大将军衔。此后的几十年里,萧劲光致力于完成海军武器装备建设,积极探索人民海军的海上作战方式,为共和国海军的建设和发展,奉献了全部的心血。

罗亦农是湖南湘潭人,也是在外国语学社学习期间最早被社会主义青年团发展的团员之一。1921年冬,罗亦农在莫斯科东方大学学习期间加入中国共产党,并被推选为中共旅莫斯科支部书记。次年1月,他与瞿秋白一道出席在莫斯科召开的远东各国共产党及民族革命团体第一次代表大会。1923年,罗亦农被推选为莫斯科东方大学中国语言组书记,专门从事留苏中国学生的组织工作,同时任中国班的唯物论教授和翻译。1925年,罗亦农回到祖国,以中共中央特派员身份赴广州参加全国第二次劳动大会的筹备工作,会后奉命留在广州,担任中央驻粤临时委员会委员、中共广东区委宣传部部长。1926年1月,罗亦农出任中共江浙区委书记,并于同年10月和次年2月两次领导上海工人举行起义,均未成功。尽管接连受挫,但罗亦农毫不气馁,又于1927年3月21日与周恩来、赵世炎一道举行了上海工人第三次武装起义,终于取得胜利。在党的"八七会议"上,罗亦农当选为临时中央政治局委员。同年9月,中共中央迁往上海,罗亦农被任命为中共中央长江局书记。11月,在中央政治局扩大会议上,他被补选为中共中央政治局委员、常务委员,并兼任中央组织部部长。为筹备召开党的六大,罗亦农负责起草了《党务问题》的报告,并与瞿秋白一起拟写《党纲草案》。就在准备工作基本就绪,即将赴莫斯科筹备召开六大之际,罗亦农因叛徒出卖,不幸于1928年4

李启汉

月15日被捕，于4月21日在上海龙华英勇就义，年仅二十六岁。

李启汉是湖南江华县人，1920年夏天，在邓中夏的鼓励下，李启汉放弃了去北大旁听的机会，来到上海，投身工人运动的浪潮。新渔阳里六号是李启汉来到上海以后的第一站，他与俞秀松一道，住在楼上的厢房亭子间。屋里陈设简单，没有家具，只有一台油印机，这是他们战斗的武器。李启汉为团的创建出谋划策，做了很多扎实的工作。他在新渔阳里六号加入上海社会主义青年团，不久又加入了上海共产主义小组。俞秀松回杭州工作期间，李启汉曾代替俞秀松负责过团的工作。1920年秋，中国共产党发起组在沪创办工人半日学校，由李启汉主持。1921年7月，李启汉参与领导上海英美烟厂工人大罢工，罢工胜利后，成立了上海烟草工会。8月，李启汉参与创办上海第一工人补习学校，培养工人运动骨干。8月11日，中国劳动组合书记部成立，李启汉任干事，兼《劳动周报》主编。1925年5月1日，第二次全国劳动大会在广州召开，大会决议成立中华全国总工会，李启汉当选为执行委员，兼任组织部部长。1925年6月19日，震惊中外的省港大罢工爆发，为加强对罢工的领导，7月3日，中华全国总工会省港罢工委员会在广州成立，李启汉当选为省港罢工委员会干事局局长。1927年4月12日，蒋介石发动反革命政变，李启汉被秘密逮捕。4月22日，李启汉被敌人秘密杀害，时年二十九岁。

蒋光慈是安徽金寨县人，1920年进入上海外国语学社学习，加入上海社会主义青年团。1921年夏，蒋光慈赴莫斯科东方大学学习。1922年，他由社会主义青年团团员转为中国共产党党员。他翻译了大量马列主义著作和苏联文学论著，写下了许多热情洋溢的诗篇，歌颂列宁和十月革命，号召中国人民走十月革命的道路。这些诗，后来在上海结集出版，书名为《新梦》，是我国新文学史上第一部献给十月革命的诗集。1930年3月，中国左翼作家联盟在上海成立，蒋光慈当选为常务候补委员，主编左联机关刊物《拓荒者》。同年，他创作了最后一部长篇小说《咆哮了的土地》，这是他创作史上的新的高峰。1931年8月31日，蒋光慈在上海同仁医院病逝，时年三十岁。1953年，党和人民在上海虹桥公墓为他举行隆重的葬礼，时任上海市市长陈毅亲笔题写"作家蒋光慈之墓"。

....

从1927年至1944年，外国语学社的学员中为革命牺牲的有十一名，他们是罗亦农、李启汉、汪寿华、谢文锦、王一飞、叶天底、吴芳、雷晋笙、梁柏台、俞秀松、傅大庆。而最终完成革命事业并成为新中国重要领导人的有刘少奇、任弼时、萧劲光

青年蒋光慈

等。此外还有不少学员成为在法律、文学、翻译、经济等专业领域取得成就的杰出人才。

为什么一个才办了一年多的弄堂外国语学社中竟然能够走出那么多杰出人物?

或许是因为渔阳里汇集了一批"导师",给了这些年轻人精神的力量,或许是因为这些年轻人在这里找到了志同道合的伙伴,彼此激发出更强的能量,使原本在社会改造失败阴影笼罩下的他们真正走出困境,重新找到了人生的信仰,走向了远方。

人去楼空

1921年4月，中国共产党上海早期组织在外国语学社筹备五一国际劳动节纪念活动，引起了租界当局的注意。巡捕房于4月28日搜查了外国语学社，并派人严密监视此地。党组织迅速指挥外国语学社的人员紧急撤离。

由于事发突然，外国语学社来不及派人通知王元龄，王元龄还像往常一样按时去上课，走到新渔阳里六号门口却发现人去楼空了，昔日热热闹闹的小楼，此刻满地狼藉，凌乱不堪。

王元龄大为震惊，急忙往里走。看到里面有三个学员在归置物品，王元龄急切地问道："人呢？都去哪里了？"

学员说："大多数同学都去俄国了。这里刚被巡捕房搜查过，说不定一会儿还会来，王小姐你快走吧。"

王元龄问道："那外国语学社还办不办？"

学员说："不办了。杨明斋社长也去俄国了，这里的房子也退租了。"

王元龄"哦"了一声，走出了新渔阳里六号的大门。她愣愣地站了一会儿，耳畔响起学员对她说过的话："王小姐，我们到了莫斯科，给您写信，用俄文写。""我也写，上了轮船就开始给您写,看到新奇事都写信告诉您。""我也写,我两天写一封。"王元龄当时笑着说:"嗯,都写,用俄文写。我会去莫斯科看你们。等下次再见面,我要考考你们进步了没有。"

她抬起头,大门上方"惟德是辅"四个大字依然四平八稳,门口"外国语学社"的牌子仍然挂着,白色的底,黑色的字,还很新。春日的阳光照进弄堂,牌子上的字闪闪发亮。

在那生长向日葵和白桦林的国度

刘少奇、任弼时、罗亦农、萧劲光、蒋光慈等十余名外国语学社的学员，经过将近三个月的长途跋涉，终于到达了向往已久的莫斯科。……在这里，他们即将开启崭新的留学生活。莫斯科，将是他们又一个新的起点。

此刻，列宁领导下的共产国际，正在克里姆林宫举行第三次代表大会。

而这个月的月底，中国共产党将召开第一次全国代表大会。

1921年7月9日。莫斯科街头繁花似锦，随处可见的向日葵扬起金色的笑脸，在阳光下迎风起舞。道旁的白桦树挺得笔直，像一群英姿飒爽的士兵，护卫着新生的苏维埃政权。红场上白鸽飞翔，克里姆林宫金色的圆顶闪耀着光芒。

刘少奇、任弼时、罗亦农、萧劲光、蒋光慈等十余名外国语学社的学员，经过将近三个月的长途跋涉，终于到达了向往已久的莫斯科。他们用热切的目光打量着这座陌生的城市，年轻的脸上洋溢着抑制不住的兴奋和激动。在这里，他们即将开启崭新的留学生活。莫斯科，将是他们又一个新的起点。

此刻，列宁领导下的共产国际，正在克里姆林宫举行第三次代表大会。

而这个月的月底，中国共产党将召开第一次全国代表大会。

到莫斯科的行程走了三个月

1921年4月。又一个春天如期而至，黄浦江上吹来了春的消息，粼粼的波涛，涌动着春的活力。

吴淞码头上，停泊着一艘开往海参崴的巨轮。络绎上船的人里,有十多名外国语学社学员的身影——刘少奇、萧劲光、任弼时、罗亦农、谢文锦、卜士奇、蒋光慈……经过在外国语学社几个月的学习,他们正式启程,奔赴莫斯科,前往东方劳动者共产主义大学留学。

刘少奇等人是第二批出发的学员,一个月前,秦抱朴、佩仙、梦周、廖化平、杜小马、徐敦让等十名学员已出发。

去苏俄的旅程,关卡重重,异常艰难。这一路,要经过日本长崎、海参崴、黑河、赤塔等地区,有北洋政府的关卡,有日本人的关卡,还有白匪的关卡,稍有不慎,就有可能被捕。出发前,中国共产党发起组的负责人接连给即将出发的学员开了几次会,把他们分成几个小组,确定刘少奇、罗觉、吴芳等人为各个小组的组长,告诉他们一路上可能会遇到哪些阻碍,遇到盘查该如何应对,遭到逮捕该如何自救,如何跟苏俄的同志取得联系,进了东方大学学习该注意什么。外国语学社的社长杨明斋亲笔写了介绍信,让他们贴身保存,再三叮嘱:"要互相照应,要时刻警惕,路上不要轻易暴露身份,不要暴露目的地。"

学员们认真听着,郑重地点头。此番跋山涉水,远渡重洋,不知有多少艰难险阻潜伏在前行的路上,但是,少年心气,无畏无惧,越过重重阻隔,他们将抵达一个充满希望与光明的新世界。在那里,旧世界推翻了,工农政府建立了,没有剥削,没有压迫,而现在,这个在书本中、课堂上读到、听到的新世界就要展现在他们面前了,还有比这更令人激动的事吗?他们也相信,此行一定能够学到新的知识、新的本领,为自己的国家找到一条新路。

临行前，学员们给家人写了信。任弼时在给父亲任思度的信中写道："人生原出谋幸福，冒险奋勇男儿事。况现今社会存亡生死，亦全赖我辈青年。将来造成大福家世界，同天共乐，此亦我辈青年人的希望和责任。"

终于到了出发的日子。为了缩小目标，学员们按照事先的计划，乔装打扮，分散上船。

汽笛长鸣，轮船缓缓离开吴淞码头，朝着公海方向驶去。学员们三三两两地站在甲板上，凝视着前方，奔赴远方的兴奋，对美好世界的憧憬，对祖国的眷恋，对前路未卜的忐忑，在年轻人的眼底交替闪烁。

太阳冉冉升起，霞光万道，瑞气千条，把水面照得金光闪闪。

轮船在海上航行了数日，到达日本长崎，休整一日后，朝着海参崴驶去。越往北走，气温越低，天气越冷。又在海上颠簸数日，轮船终于抵达海参崴。学员们下了船，只见眼前白茫茫一片冰天雪地，刺骨的寒冷透过单薄的衣衫，把学员们冻得直打哆嗦——学员们大多是南方人，没经历过极寒天气，而且出发时上海已是春天，大家都没有准备足以御寒的衣服。

彼时，列宁领导的苏维埃政权尚未控制俄罗斯所有地区，在远东的管辖势力只达伯力，而从海参崴到伯力，仍被日本统治着，共产党处于非法状态。

学员们虽然带着杨明斋写的介绍信，但人生地不熟，不知道该联络谁。他们找到一家中国人开的小旅馆，先住了下来。

安顿下来后，刘少奇、罗觉、吴芳等人出门去打探。海参崴是白区，各色人员混杂，有俄国人，有日本人，也有不少中国

青年刘少奇

人,北洋政府驻海参崴总领事馆也设在那里。街上到处都是荷枪实弹的日本兵,来来回回巡视着。刘少奇等人机警地避开日本兵,寻找着合适的机会。在一个报摊上,刘少奇意外地看到了一份中文报纸,上面刊登的部分文章带有进步倾向。刘少奇有了主意:"找这家中文报社去。"几个人按照报上的地址,找到了报社,见到了报社总编辑。试探了一番,刘少奇觉得总编辑比较可靠,便悄悄地打探:"哪里可以找到布尔什维克?"总编辑看了看几个青年,心领神会,没问他们要干什么,只说道:"我有一个熟人,他是海参崴大学的教授,兴许他知道你们要找的人。"

按照总编辑的指点,刘少奇等人见到了伊万诺夫教授。伊万诺夫的真实身份是共产国际远东局的工作人员,此时正在海参崴开展秘密工作。

刘少奇向伊万诺夫出示了杨明斋写的介绍信，伊万诺夫看罢，神情严肃地说："赶紧乘车去伯力，不要在海参崴久留！"原来海参崴正在闹鼠疫，对流动人口的检查很严格。

学员们于是准备离开海参崴，不料，他们的行踪早已引起了北洋政府驻海参崴总领事馆的注意，以为这些年轻人是孙中山的南方革命政权派往俄国的。

这一日，刘少奇等人正聚在旅馆里商议行进路线，突然听到一阵嘈杂的脚步声，随后，几名持枪的士兵气势汹汹地冲进旅馆，不由分说地把刘少奇、吴芳带到领事馆进行审问。审问时，大厅里戒备森严，两边站着刀枪手，杀气腾腾。

刘少奇和吴芳第一次见识如此恐怖的审讯阵势，不禁有些发怵。

领事馆的一名长官厉声问刘少奇："老实交代，你们是干什么的？"

刘少奇迅速镇定下来，按照事先准备的说辞，沉着地回答："做裁缝的。"——海参崴有许多来自中国南方的打工青年，大多做理发、裁缝等手艺活儿。刘少奇坚称自己是裁缝，讲的又是满口湖南土话，领事馆的人问不出什么名堂，威胁了一番，把他们放了回去，暗地里又命令驻伯力的领事馆继续注意这批青年人的行踪。

在伊万诺夫教授的安排下，学员们离开海参崴，前往伯力。从海参崴到伯力，要经过伊曼河。伊曼河是红白区的界线，河的南边是白区，北边是红区。沿河的关卡上有日本兵和白匪把守，盘查得很严。学员们商议后，决定分成几个小组，分头行动，到了伯力再到指定的地点会合。十几人的队伍再次解散,有的白天走,有的晚上走,有的让俄国人带着走。

萧劲光和任弼时两人一组,一个扮作裁缝,一个扮作理发工人,假装互不相识,一前一后隔着几米远在路上走。过伊曼河红白区交界处时,日本兵和白匪分别过来盘查。因为海参崴正在闹鼠疫,所以此时的盘查更加严格,欲过关者必须测量体温。萧劲光的体温正常,顺利过了关卡。待任弼时量完体温,关卡的守卫一看温度计,脸色顿时变了:"体温这么高,扣下!"任弼时急得大叫:"我没得鼠疫,我是因为感冒发烧才体温偏高。"守卫根本不听他申辩,不由分说地把他当作疑似鼠疫感染者扣了下来。萧劲光看到任弼时被扣留,胆战心惊,又不敢声张,只得一个人继续上路,心里默默祈祷任弼时能够顺利脱险。

不多时,刘少奇、蒋光慈等人也陆续过了关卡。到了伊曼河北岸,蒋光慈以为还在白俄地区,仍然躲躲闪闪的,红军觉得他形迹可疑,把他当坏人抓了起来,一问情况才知道是误会。

陆陆续续地,学员们都到达了伯力,汇集到指定地点,唯独少了任弼时。萧劲光把关卡盘查的情况一说,大家都忧心忡忡:"白匪凶神恶煞的,会怎么处置他呀?""把他跟那些疑似鼠疫感染者关在一起,会不会真的传染上鼠疫啊?""弼时才十六岁,碰到这种情况肯定吓坏了。""他还在感冒发烧呢,又要担惊受怕,可怎么办呢?"大家在忧虑中过了两天,时不时去路口张望,可左等右等,就是看不到任弼时的身影。看来,他顺利脱险的希望是越来越渺茫了。正当大家商议到底是继续等还是一部分人先走,一部分人留下来等待时,一个熟悉的身影一闪,任弼

1923年4月,在莫斯科东方大学学习的任弼时(左一)、罗亦农(左二)与国内赴苏的刘仁静(左五)、张国焘(左四)等留影

时突然出现在伙伴们面前。

萧劲光又惊又喜,一把抱住了任弼时。其他伙伴们也高兴地围了过来,七嘴八舌地询问任弼时是如何脱险的。

任弼时告诉大家,关卡的守卫把那些体温偏高的人扣下来后,观察了几个小时,之后有人过来盘问他是干什么的,他说自己是理发工人,要到俄国去谋生。守卫拿出温度计,再次让任弼时测体温。任弼时表面顺从地把体温计夹在了腋下,又趁守卫不注意,悄悄地把体温计的水银部分露在外边。这下体温正常了,关卡的守卫只得放了任弼时。

伙伴们听了哈哈大笑,夸赞任弼时机智。

在伯力，学员们受到了苏联红军的热情接待。一路上担惊受怕的他们，此刻终于如释重负。

在伯力住了几天，学员们继续上路，朝着黑河方向前进。从伯力到黑河，可以走水路，也可以走陆路。刘少奇一行等了几天，总也等不到十几个人能同上一趟火车的机会，只得分成两路走，刘少奇和萧劲光等人乘船，任弼时和罗觉等人乘火车。水路并不安全，船在黑龙江航道上行走，有时走的是中国水域，有时走的是俄国水域，有时走着走着，就听见外面鸣枪要求停船接受检查。一听到鸣枪，萧劲光就紧张得手心冒汗，一旁的刘少奇就悄悄拉拉萧劲光的衣角，安慰他，让他放轻松。检查到他们时，刘少奇总是很从容，应对自如。

到了黑河，仍然是苏联红军接待他们。黑河的红军司令是一位俄国老太太，人高马大，威风凛凛，但看到中国来的年轻人时却很和蔼。黑河还有一支中国侨民组织的武装力量，打仗很勇敢，苏联红军很信任他们。

几日后，水旱两路人马集齐，红军安排他们搭乘一辆载货的闷罐火车，继续朝着莫斯科前进。闷罐火车上没有餐车，也没有水和取暖设备。上车前，苏联红军给每位学员发了一个枕头一般的黑面包。学员们把面包背在身上，饿了就啃上一口，渴了就喝上几口冷水。那时在俄国，每顿吃面包已是最高待遇，学员们也不敢多吃，因为不知路上要走多长时间，怕吃完了就要饿肚子。

这一路，有磨砺，也有风景。路过贝加尔湖时，只见碧蓝的湖水在阳光下泛着粼粼波光，岸边的向日葵灿烂明艳，犹如俄罗斯姑娘的笑脸，白桦树修长挺拔，如同一群穿着白色衣裙的俄罗斯少女,迎着微风轻歌曼舞。火车上的俄国人都兴冲冲地下了车,有人招呼学员们:"这里的烤鱼很好吃,快下来吃烤鱼。"学员们好奇地下了车,学着俄国人的样子,架起木柴点上火,把鱼放在火上烤,不一会儿,鲜香四溢,空气里到处是烤鱼的香味。学员们围着火堆,兴高采烈地烤着,吃着,笑着,说着。火焰照亮了他们年轻的脸庞,这一路忍饥挨饿,此刻都得到了补偿。

火车继续慢慢悠悠往前走,走过黑河,走过赤塔。一路上,到处都是战争留下的创伤——建筑弹痕累累,道路坑坑洼洼,桥梁摇摇欲坠,工厂、矿山成了废墟,村庄里到处都是残垣断壁。连年战争,让这个国家元气大伤,也让国民经济走到了崩溃的边缘。天灾人祸,使得粮食歉收,各种生活必需品奇缺,路上甚至有不少冻尸饿殍,惨不忍睹。

然而,即便满目疮痍,学员们还是时常能够见到大片的向日葵,还有白桦林。向日葵花开得恣意奔放,总是让人想到光明和希望。白桦树树干笔直坚挺,昂扬向上,总是让人想到无畏和勇敢。在广袤的山坡上,在一望无际的公路旁,到处都生长着白桦树,它们肩并肩,组合成丛林,以一道道绿色的防护墙,抵挡着来自西伯利亚的寒风,抵挡着来自大漠的沙尘。无论沿途如何破败和萧条,向日葵和白桦树总会让人精神一振,它们积极向上的姿态像极了不屈不挠的俄罗斯人民——一路上,学员们接触到的俄国人民、红军指战员,尽管生活艰苦,但都很乐观向上,一副当家做主人的样子,让这些来自中国的年轻人感慨万千:困难不可怕,只要精神不倒,一切困难都可以战胜。

火车走走停停，行进速度非常缓慢。没有煤，火车只能靠燃烧木柴作为动力。开着开着，火车"呜"的一声就停下不走了，原来车上的柴烧完了，火车没动力了，这时，车上所有人就得下车冒着西伯利亚的寒风，吭哧吭哧地去搬木柴。开着开着，火车"呜"的一声又停下不走了，原来铁路被损坏了，火车过不去，车上所有人就又得下车一起修铁路。沿途还有零星的白匪时不时出来袭扰一下，遇上了，车上的人就得跟白匪打上一仗。就这样，在这条全长七千多公里、横跨俄国的西伯利亚大铁路线上，外国语学社的学员走了十多天。

从上海到莫斯科这一路，学员们走了将近三个月。出发时，上海还是初春，抵达时，已是7月。

在莫斯科东方大学

莫斯科敞开热情的胸怀欢迎远道而来的中国青年。古老优雅的俄罗斯建筑，热情好客的俄罗斯人民，迅速消除了学员们长途跋涉的疲惫，融化了他们初到异国他乡的陌生和隔阂。

1921年6月22日至7月12日，共产国际在克里姆林宫举行第三次代表大会，来自五十二个国家、一百零三个组织的六百零五名代表参加了会议。刘少奇一行到达莫斯科时，会议已接近尾声。会议组织者对这批远道而来的中国青年非常重视，把他们安排在会议代表居住的招待所，还邀请他们作为东方民族的代表列席会议。张太雷是中国共产党发起组派出的会议代表，听说刘少奇他们到了，专门去看望他们。

克里姆林宫的会议大厅雄伟庄严，各国无产阶级的革命领袖、工人阶级代表济济一堂，共同商讨国际大事。大会提出，各国共产党应以争取群众为主要任务，发出了"到群众中去"的号召。列宁是大会的名誉主席，在会上做了报告。他站起来，身子微微前倾，讲话时声音铿锵有力，情绪高亢激昂——"为了取得胜利必须取得群众的支持……我们不仅应当把工人阶级的大多数争取到我们这边来，而且应当把农村居民中被剥削的劳动群众的

萧劲光大将

大多数争取到我们这边来!"

置身如此庄严的会场,亲眼见到世界无产阶级革命导师列宁,学员们无比激动,也无比自豪。大会闭幕时,全场响起国际歌,学员们热血沸腾,觉得自己终于找到了理想之门和为之奋斗的目标。

会后,学员们被安排到东方劳动者共产主义大学学习。学校坐落于莫斯科马拉甫洛夫大街,是一幢四层的楼房。校内分国际部(A字部)和国内部(B字部),国际部设有中国班、波斯班、朝鲜班、日本班等,国内部设哈萨克班、乌兹别克班和格鲁吉亚班等。

莫斯科东方大学是在列宁的领导下成立的。1920年7月,马林作为荷属印度共产党的代表参加了共产国际第二次代表大会第一次会议。他在会上提出："共产国际应该为那些来自远东的人创造条件，以便使他们正确理解这里所发生的一切；苏维埃俄国应该为东方革命者接受理论教育创造条件，以便使远东成为共产国际的生气勃勃的成员。"马林的提议得到了与会者的热烈响应。

1920年9月1日，共产国际在巴库召开东方各民族代表大会，决定在莫斯科创办东方劳动者共产主义大学，办学宗旨是为东方各国被压迫民族的革命事业培养干部，从而促进东方国家的革命运动。

1921年4月，全俄中央执行委员会通过一项决议，决定在莫斯科建立一所直属民族事务人民委员部的东方劳动者大学。

1921年10月21日，莫斯科东方大学正式开学。斯大林亲任名誉校长。

东方大学成立的第一年便招收了六百二十二名学生，分别来自四十四个民族。学校有少数来自芬兰和法国的西方学生。而来自中国的青年共三十六人，罗亦农任中国班班长。

一切都是新奇的，一切都是有趣的。刚入学时，每个学员都获得了一个俄国名字，刘少奇叫达尔斯基，萧劲光叫查戈洛斯基，任弼时叫布林斯基。学员们叫着彼此的俄文名字，喜笑颜开，觉得非常有意思。

学校为中国班开设的课程很丰富，有哲学、政治经济学、无产阶级革命理论、俄共党史和工人运动史等等。学员们学习了《共产党宣言》，列宁的《青年团的任务》，布哈林的《共产主义ABC》，波格丹诺夫的《政治经济学》，还有西方革命史、俄

列宁在莫斯科红场发表演说

国十月革命史、中国革命史等等。

学生们与苏联红军战士一样过着紧张的军事化生活。每天清晨，他们跑步来到广场列队操练，然后用冷水洗漱，之后吃早餐，早餐是黑面包，量极少，根本吃不饱。晚上，他们轮流到街上站岗放哨。星期天，他们就去做工。

学员们普遍年龄小，没有革命实践，初到莫斯科，只有一股革命热情和寻求救国办法的愿望。他们亲眼看到了十月革命后俄国的一切，感到什么都是好的，什么都很新奇，所以学校里安排什么，他们就学什么，总想多学一点，将来回国后好用得上。一开始他们的俄文水平还很低，俄国老师讲的课他们听不懂。学校考虑到这个问题，特意请了瞿秋白和李宗武给他们翻译。瞿秋白和李宗武是以北京《晨报》记者的身份到第三国际的，后被东方大学聘请，担任助教和翻译。瞿秋白英俊潇洒，知识渊博，备课认真，循循善诱，很受学生欢迎。不过他在东方大学任课时间不长，1922年底便应陈独秀之请回国工作了。

此时的苏俄，正处在经济严重困难时期，粮食、煤炭等基本生活资料极度缺乏，饥荒现象随处可见。苏维埃政府不得不在全国实行战时共产主义政策，生活必需品按人头配给。东方大学的教授领到的工作报酬是每周发放一次的少量面包——红军、儿童和高级知识分子比普通百姓领到的生活必需品还多些。东方大学的外国学员也享受红军士兵的待遇，每人每天一块两个巴掌合起来那么大的黑面包和几个土豆，早上切一块面包，中午就不敢切了，否则晚上就要饿肚子。午餐通常是一个土豆和海草煮成的汤，加几颗咸鱼丁，基本上是清汤。小伙子们经常饿得眼冒金星，连爬到四楼教室的力气都没有。学员们穿的皮鞋是英国工人捐赠的，很重，很大，没有码数可以选择，穿在脚上大一截子，鞋尖高高翘起，既不美观，走路也不方便。衣服也是欧洲工人捐的。冬天的时候，学员们统一着装，里面一件很薄的麻布衣服，外面一件军大衣，腰上系一条皮带，头上戴一顶尖尖的帽子，帽子上缀着一颗红五星，虽然不保暖，但看起来很精神。屋子里没有暖气，学员们在房间里烧一点木柴烤火，睡觉时一个挨一个，都只有一件大衣和毯子可盖。

那时候，留学生的生活很艰苦，但大多数中国学员并不以为苦。他们被苏联人民乐观向上的精神感染，认为一切困难都是暂时的，在列宁和俄共（布）的领导下，这个国家会越来越繁荣、富强。果不其然，1921年，苏俄人民把武装干涉苏俄的外国侵略者赶出了国土，平定了白匪的暴乱，开始实行新经济政策。经过三年的艰苦奋斗，到1923年，苏联的经济状况已有明显好转。

也有个别中国学生无法忍受艰苦的生活条件，提出要回国。上海外国语学社的学员没有一个打退堂鼓的，他们在学习讨论时说："我们亲眼看到解放了的苏联人民，在党的领导下，具有多么强大的生命力和战斗力。他们能打碎一个旧世界，也能建设一个新世界，中国的出路和希望就在于此。为了寻求革命的真理，寻求中国解放的道路，必须坚持学习下去。"

在东方大学，虽然生活很艰苦，但学员们过得很愉快。过年时，学校组织晚会，在校学习的各国学生都演了节目。中国学员自编自演了一个反映中国军阀、资本家镇压工人罢工的戏。刘少奇扮演工人，彭述之扮演吴佩孚，萧劲光扮演军阀，其他人扮演资本家和群众。大家在一起讨论和排练，并争论着各个角色应当如何表演，有时争论得很激烈。有学员给刘少奇提意见："少奇，你扮演的工人流着鼻涕，穿着破衣烂衫，耸着肩膀，形象太差了。"刘少奇性格沉静，平时不苟言笑，但对演戏很有自己的想法，他反驳说："中国工人苦难深重，就应当是这个形象。"

家国万里，远在国外的学员们时刻思念着自己的祖国。萧劲光后来在回忆录里写道："我记得那时自己特别怕听莫斯科火车站的火车汽笛声。一听到这个声音，就想到回国的旅程，想到祖国还在帝国主义、封建军阀的统治下，我们的父老兄弟还在水深火热之中，心情就非常沉重。我们只有一个想法，就是好好学习，将来回到祖国搞革命，使祖国的人民像苏联人民一样，当家做主人，走上繁荣昌盛的道路，这也是我们在苏联勤奋学习的动力所在。"

学校还为中国班配备了政治教导员,专门负责管理学员的政治生活,指导中国班利用课余时间开展党、团活动,互相激励,提高政治觉悟和理论水平。

开学后不久,中国共产党第一次全国代表大会召开的消息传来,学员们很激动,找政治教导员请教加入共产党的手续,同他讨论有关共产党的种种问题。学员们聚在一起时,讨论得最多的话题就是入党问题。刘少奇把《共产党宣言》看了好几遍,从这本书里,他了解了共产党是干什么的,是怎样的一个党。经过一段时间的深思熟虑,他决定参加共产党,献身党的事业。

1921年冬,中国共产党开始在东方大学中国班发展党员。刘少奇、罗亦农、彭述之、卜士奇、吴芳等中国学员已经是社会主义青年团团员,便率先由团员转为共产党员,组成中国共产党在莫斯科的第一个党支部——中共旅莫支部,刘少奇担任支部委员。刘少奇后来回忆说:"在东方大学学了八个月跑回来了,也算取了经……我自己的革命人生观开始确定了。懂得组织上的一些东西,讲纪律、分配工作不讲价钱,互相批评,一切服从党,这些东西在我脑子里种得很深。"

国内党组织对留苏学生十分关心。中共领导人每次赴苏,都要前去看望中国班的学员。1922年11月,陈独秀、张太雷出席在莫斯科召开的共产国际第四次代表大会时,专程去东方大学看望学员,鼓励中国班学生努力学习,回国后更好地投入革命。1924年夏李大钊出席共产国际五大时,还特地为中国班学员讲授中国近代史,介绍、分析中苏关系以及国内革命形势迅速发展的情况。

刘少奇等学员在东方大学学习了八个月后，接到校方通知，要求他们结束学业，回国承担其他工作任务。回国前，校方把回到上海后同中国共产党秘密接头的地址交给刘少奇等人，要他们回国后向党组织如实汇报东方大学和中国学员的具体情况。

来时满心憧憬，归时信仰弥坚。再看一眼莫斯科，再啃一口黑面包，刘少奇和其他几位中国青年一起，依依不舍地告别了莫斯科，告别了东方劳动者共产主义大学，踏上了返回祖国的旅程。

萧劲光与其他三名中国学员则继续留在苏联，到苏联红军学校学军事。晚年想起这段留学经历时，萧劲光深情地写道："自己所信仰的共产主义事业之所以战无不胜，就是因为她深深扎根于占人口大多数的无产阶级、被压迫人民、被压迫民族的深厚的土壤里，为这一事业去流血、牺牲，是何等有意义的事情！回想在自己以后漫长的革命生涯中，不论遇到什么样的艰难曲折，不论是在失败面前、死亡面前，还是在错误路线的打击面前，自己从不动摇革命信仰，坚定不移地为共产主义事业奋斗，首先是得益于这十月革命的故乡。"

莫斯科东方大学从创办到结束办学，前后仅有十七年，但通过红色之路进入东方大学学习的中国学生多达近千名，它为中国革命做出的贡献是不可磨灭的。

在莫斯科留学的这段经历，是外国语学社学员们一生的宝贵财富。那一片片灿烂的向日葵花海，那一片片挺拔的白桦树林，那一首首悠扬的俄罗斯民歌，成了他们精神世界里的密码，无论是革命遇到艰难险阻时,还是取得胜利时,总会闪现在他们的脑海里,给他们光明和希望,给他们信心和力量。

他们一生都记得,向日葵是苏联的国花,花语是信念、光辉、高洁、忠诚;白桦树是苏联的国树,象征着刚直挺拔、勇敢无畏、宁折不屈。

走进克里姆林宫的中国青年

共产国际第三次代表大会闭幕时,会场响起了用各种语言高唱的《国际歌》。来自中国的青年张太雷、俞秀松、瞿秋白等人,唱起了瞿秋白翻译的中文版《国际歌》。

中国青年与世界各国的代表们站在一起,共同高唱《国际歌》,他们的声音与世界的声音连成了一片。

1921年3月底,上海外国语学社的学员正憧憬着遥远的苏维埃俄国,一部分人已在奔赴莫斯科的路上,还有一部分人即将启程。

上海社会主义青年团的书记、外国语学社的秘书俞秀松也在前往莫斯科的路上。他没有和其他人同行,而是孤身一人上的路。他此行的目的是去参加青年共产国际第二次代表大会。

路迢迢,道长且阻

3月初,国际青年共产党执行委员会东方书记处派人来上海,给上海社会主义青年团送来一封邀请信。这封信后来在1921年5月21日出版的《共产党》上全文刊载,信的大意是:青年共产国际是国际共产主义赤旗领导下的世界革命的先锋,执行总部设在柏林。1919年11月,青年共产国际第一次代表大会在柏林召开,各国参会代表曾遭到禁阻。随着国际青年共产党员队伍的壮大,世界各国都建立了青年团组织。1920年夏,青年共产国际执行总部在中欧开会,决定1921年在莫斯科召开青年共产国际第二次代表大会,大会的主题是讨论"推翻压制的旧世界的争斗问题",

并解决新社会主义的建设问题,全世界超过一百万的青年共产党将派遣代表参会。信中还称,上海社会主义青年团是中国最好的青年团组织,希望上海社会主义青年团派遣一名代表前去参会并在大会上发言。信中还言辞恳切地写了派遣代表参会的意义:"派遣代表的事,对于中国革命将有极大的结果。因为派代表的缘故,中国才第一次与国际社会运动接近。无论几多的文学,几千几百的讲演和讨论,都没有比派遣从你们中举出的一个代表,这样能够使你们和国际联合。"

送信的人称,青年共产国际计划邀请两名中国代表参会,除了上海社会主义青年团的代表,还有北京社会主义青年团的代表。

上海社会主义青年团接到信后,立刻向中国共产党发起组做了汇报。陈独秀已于1920年12月17日离沪赴广东担任广东省教育委员会委员长,中国共产党发起组书记由李汉俊代理。李汉俊看罢信,很欣慰地对青年团员们说道:"邀请信写得很诚恳,诚恳邀请,也意味着我们社会主义青年团的力量正在受到世界的瞩目。我们应该派代表参加。"

经过商议,大家推选俞秀松作为上海社会主义青年团的代表,去莫斯科参加青年共产国际第二次代表大会。

人选有了,但是赴俄的路费怎么办?那可不是一笔小数目啊。这几年,党、团经费一直没有固定的来源,始终捉襟见肘。大家你看看我,我看看你,想不出还能从哪里找来钱。

李汉俊也颇感头疼,他皱起眉头沉吟了一会儿,说道:"钱的问题大家一起想办法,无论如何,一定要让秀松去莫斯科参加会议。这是我们青年团首次派代表参加国际性会议，也是在为我们将来的革命事业打基础，意义非常深远。刚好外国语学社的学员陆陆续续都要去东方大学学习，秀松到了莫斯科，还可以帮忙做些联络和管理工作。这些学员是我们培训选拔后送出去的，将来是革命的中坚力量，一定要管理好、培训好。"

大家都点头赞同，开始分头筹款。大家伙儿自己凑了一点，找朋友借了一点，好不容易勉强凑够了路费。

3月29日，俞秀松挥手告别了上海的一众朋友，踏上了前往北京的特别快车。窗外的田野、树木飞快地往后退去，春天的节奏冲击着俞秀松的视觉。去远方，去一个向往的地方，去和世界各国的青年共产党人汇聚一堂，去聆听列宁振奋人心的演讲，这是多么令人兴奋的事啊。

3月30日，俞秀松到了北京，在原来参加工读互助团时的住地住了两日，处理了一些事务。

北京社会主义青年团的朋友听说俞秀松要去莫斯科参加青年共产国际代表大会，问道："我们团推选的代表是何孟雄，他早就出发了，你怎么现在还没走？听说大会是4月15日召开，你赶得及吗？"俞秀松惭愧地说："因为川资问题，耽搁了一段时间。"

听得将和何孟雄一同参会，俞秀松很高兴。何孟雄是湖南炎陵人，比他大一岁。他俩都曾是北京工读互助团的成员，而且在一个组。北京工读互助团解散后，俞秀松和施存统去了上海，何孟雄继续留在北京，并在李大钊的指导下，加入了北京社会主义青年团和北京共产党早期组织。尽管不在一起，但俞秀松还是不时听到关于何孟雄的消息，知道他一直很积极很活跃，曾组织发动七十余名工人开展索薪斗争,也读过他发表在上海《时事新报》副刊上的文章《劳工运动究竟怎么下手》,内心对他很钦佩。

既知何孟雄已先行出发,俞秀松便也加快了前行的节奏。

4月1日晚,俞秀松沿南满铁路线前往长春,到了长春,又沿中东铁路线前往哈尔滨。在半殖民地半封建的旧中国,铁路是被列强分段控制的,南满铁路受日本管辖,中东铁路线受沙俄残余势力管辖。俞秀松第一次赶这么远的路,一路感受祖国被列强分割之痛、国家主权被侵犯之恨、国家经济落后之苦,心里第一次出国的兴奋,渐渐被耻辱、不平代替——积贫积弱的国家,该如何摆脱任人欺凌的局面?

4月4日傍晚,俞秀松抵达哈尔滨。彼时的哈尔滨正处在错综复杂的国际关系中。俄国、波兰、英国、美国、法国、日本、意

1921年的哈尔滨火车站

大利、比利时等十多个国家的领事馆或其他外交、侨务、商务机构都驻扎在这里，除了做外事联络工作，也从事特工情报活动。十月革命后，这里也成了沙俄逃亡贵族和白卫分子的重要据点。俞秀松提着简易的行李箱，走出哈尔滨火车站。夕阳笼罩下的北方城市陌生而疏离。

中东铁道直贯哈尔滨的腹部，铁路以西叫道里，铁路以东叫道外。俞秀松在道外走了一圈，只见街头脏乱不堪。看惯了南方小城的秀丽雅致，俞秀松对杂乱的环境颇感不适。他转到道里，见道里要干净整洁得多，外国人大多居住在此处。

俞秀松在道里的三道街四号中华栈安顿下来，又去街上找了一家面馆，解决了晚餐。这家面馆的面条有韧劲，很像他老家的次坞打面。次坞打面素以硬且韧著称，面案师傅制面时要用擀面杖把面团拍打几百遍。幼时，父亲带他去镇上吃面，指着面案师傅手中的面团告诉他："看看，这么软的面团，经过横打竖打，最后会变得石骨挺硬（浙江方言，意为很坚硬）。"后来，每次吃面，秀松总会想起父亲的那句话。

想家的情愫一冒头，便抑制不住地蔓延开来，尤其是俞秀松此刻孑身孤行，倍感寂寞，那江南烟雨里的小城，就更让他牵肠挂肚。离开家乡已一年多，那个黎明的不告而别，开始是抗争的决绝，追求自由和理想的逃离，后来是绵绵无尽的思念和愧疚，此刻，则是引颈南望的牵挂。这个季节，老家一定满山遍野都开了花吧？明天就是清明节，父母亲一定会带着弟妹上山给先人们扫墓吧？父亲一到梅雨季总会咳嗽不止，给父亲买的两瓶咳嗽药丸，寄放在朋友处，不知何时才能到父亲的手中。

穿过陌生的街头，他迈开大步，急急地往客栈赶，他想给父亲母亲写封信。两天后，他就要出境了，此去万里，阻隔重重，给家里寄信肯定不如在国内时方便。

回到旅馆，俞秀松把这一路的行程在信里详详细细地告诉父母："我这次赴R（指苏俄），有三个目的使我不能不立刻就走：1. 第二次国际少年共产党（注：原文如此，现常译国际青年共产党）定于四月十五日在R京（指莫斯科）开大会，他们于前月特派代表到中国来请派代表与会。我被上海的同志们推选为代表（中国共派两名代表，北京一个，上海一个。北京的代表也是我从前在工读互助团的朋友，他已先我出发。我因川资问题，所以迟到现在），所以急不容待要先走了。2. 上海我们的团体有派送学生留俄的事，我又被同志们推为留俄学生代表，因此又不能不先往R去接洽。3. 我早已决定要赴R求些知识以弥补我的知识荒，乘了上面的两种公事的时机，我便不顾别的就走了。"

想了想，俞秀松又加了几句话："父亲，你训勉我的几件事，我当刻刻记在心头；你给我的两封信，我带在身边，不时诵读……我在北京照了一张相片，过几天，由北京的朋友寄到家中……我遥在几千里之外，引颈南望，惟祝家中人个个平安。"

写好的信往南走，远行的人往北走。家与国，越来越远了。

俞秀松后来才得知，何孟雄最终并没有如期抵达莫斯科。他行至中苏边界满洲里时，被奉系军阀逮捕，关进了陆军监狱。在狱中，何孟雄经受了十指被钉竹签的酷刑，却始终不肯屈服，没有吐露任何情报。身陷囹圄，何孟雄大义凛然，在监狱的墙壁上题写了一首诗，以诗言志：

何孟雄

当年小吏陷江州，
今日龙江作楚囚。
万里投荒阿穆尔，
从容莫负少年头。

李大钊得知何孟雄被捕后，忧急万分，组织多方力量营救之，最终求得蔡元培校长同意，以北京大学的名义发电报至黑龙江当局，才得以保释何孟雄回北大。

何孟雄在路上的遭遇，俞秀松幸而未遇。尽管一路波折不断，但他还是于5月底抵达了莫斯科。原计划4月15日召开的青年国际第二次代表大会，也因为种种原因延期了，定于7月9日开幕，7月23日闭幕。共产国际三大也定于6月22日开幕，7月12日闭幕，而很多远道而来的人，将同时成为两个大会的代表。

夜漫漫，与张太雷一聊就是通宵达旦

6月4日，共产国际执行委员会书记M.科别茨基为俞秀松签署了任命书："任命俞秀松同志为中国社会主义青年团参加青年共产国际代表大会和共产国际第三次代表大会的代表，特颁发此状。"

俞秀松郑重地接过任命书，双手微微颤抖。任命书上的俄文单词他还不能认全，但这张任命书传递给他一个友好的信息——他是被认可被接纳的，他代表的党、团组织正在融入世界革命，他为此感到荣耀和自豪。

会务组把所有参会代表都安排在莫斯科留克斯酒店。和俞秀松同房间的，是另一名中国青年——张太雷。

张太雷比俞秀松年长一岁，1898年6月出生，江苏武进人，原名张曾让，乳名泰来，意为"否极泰来"，参加革命后改名为"太雷"，取"泰来"谐音，也寓意愿化身大雷，震醒痴顽，打击强横。

张太雷幼年丧父，家境贫寒，九岁那年，得外祖父资助，入常州西门外西郊小学读书。入学后，张太雷学习勤奋，每学期的成绩均列全班第一。课余，张太雷还阅读了大量历史书籍、名人传记和文学作品，在同龄小学生中是一位"饱学之士"。

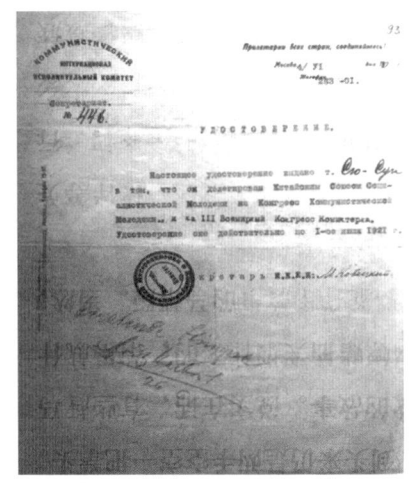

共产国际执行委员会颁发给俞秀松的任命书

1911年春,张太雷小学毕业,校长见他少年有志,十分赏识,特意为他取学名张复,深含复兴家业之意,并资助他考进常州府中学堂预科学习。不久,辛亥革命爆发,常州中学的部分老师受革命思潮影响,常常把初步的民主爱国思想灌输给学生,这些思想也深深地影响了少年张太雷。当武昌起义的消息传来时,张太雷与瞿秋白等要好的同学欢呼雀跃,带头剪掉辫子,走上街头,宣传革命。

1915年,张太雷考入北京大学法科预科,但由于北京大学学制长、学费贵,家境贫寒的张太雷难以维持,便转入天津北洋大学法科学习。时任北洋大学校长是毕业于哈佛大学的留洋归国博士赵天麟,是民国时期著名的法学家、爱国教育家。赵天麟在任期间,确立了"实事求是"的校训。北洋大学的严谨治学的校风和爱国奉献的传统,对张太雷的成长产生了重要影响。

北洋大学的老师知晓张太雷家境贫困后，介绍他到《华北明星报》勤工俭学，赚取学费和生活费。张太雷非常珍惜这个机会，谦逊好学，工作勤奋，很快便担任了报纸的兼职编辑和翻译。《华北明星报》由北洋大学教授、美国人福克斯创办，是当时华北地区发行量最大的英文报纸，经常通过在美国、苏俄、欧洲等地的通讯记者，大量报道国际新闻。通过这个平台，张太雷知道了很多中国以外的国家正在发生的事，知道其他地方的人们在思考什么，在做什么，视野逐渐开阔，思想认识水平也逐渐提高。通过这个平台，张太雷还结识了俄籍汉学家鲍立维——鲍立维在天津时，居住在特别一区，张太雷与其来往密切，担任过他的助手。

五四运动爆发后，张太雷积极参加天津各界联合会与天津学生联合会组织的爱国反帝活动，成为天津爱国运动的主要骨干之一。1919年6月1日，张太雷等四人组成北洋大学演讲第二团赴塘沽、大沽等地演讲，受到民众热情欢迎，以至"听者塞途"。8月，他作为天津学生代表赴京请愿，要求释放被捕学生，并在北大结识了李大钊先生。李大钊曾在天津北洋法政学堂学习过六年，与张太雷有很多共同话题，也很欣赏张太雷的才干。在李大钊的影响下，张太雷开始从一名进步青年转而成为马克思主义者。

1920年4月，维经斯基率党员小组来到北京。在鲍立维的引荐下，张太雷拜晤了维经斯基。一番交谈后，维经斯基很欣赏这位气宇轩昂、英语流利、很有才干的中国青年，邀请他担任党员小组在华期间的英文翻译。张太雷欣然应允。维经斯基一行在北京期间，与李大钊会晤，并多次与进步学生座谈，介绍十月革命后俄国的情况及苏俄对华政策，还带来了《震撼世界十日记》等有关十月革命的书刊。张太雷是维经斯基的英语翻译，因而也多次参加座谈。通过维经斯基的介绍，一个新型的社会主义国家在张太雷的脑海里渐渐清晰、渐渐立体，以无产阶级革命改造中国的信念也在张太雷的心中坚定起来。

张太雷于1920年6月从北洋大学毕业后，往来京津，为革命奔走。在李大钊的指导下，张太雷创建了天津社会主义青年团并任书记。张太雷和团员们学习、研究马克思主义，创办了宣传工人运动的报纸《劳报》，并在长辛店、唐山铁路工人中开展宣传发动工作。1920年11月，张太雷加入北京共产主义小组，成为最早的中国共产党党员之一。

1921年初，正在广州工作的维经斯基接到密令，让他回国到成立不久的共产国际远东书记处接受新的工作任务。

维经斯基立刻带着妻子离开广州，来到北京。在北京大学图书馆，维经斯基再次与李大钊相见，诸多感慨油然而生。去年春天，维经斯基一行肩负秘密使命，首次来到北京，在半年多时间里，他不辱使命，从中国的北方到南方，都撒下了共产主义火种。

维经斯基告诉李大钊："我接到通知，让我去共产国际远东书记处任职。此外，通知还让我联络中国共产党，请你们派遣一位同志前去共产国际远东书记处工作。"

李大钊一听，高兴地说道："这是好事啊，可以密切中国共产党同共产国际的关系。"他当即通过电话和陈独秀进行了商议，决定派遣张太雷前往共产国际远东书记处工作。张太雷由此成为第一个受中国共产党发起组委派前往共产国际远东书记处工作的代表。

共产国际远东书记处设在伊尔库茨克，下设中国支部、朝鲜支部、日本支部等四个支部。伊尔库茨克位于安加拉河与伊尔库特河的汇合处，是西伯利亚最大的工业城市、交通和商贸枢纽，也是东西伯利亚重要的文化中心，西伯利亚大铁路是伊尔库茨克联系外界的主要通道。

1921年2月，张太雷随维经斯基赴伊尔库茨克。途经哈尔滨时，他给远在常州的妻子陆静华写了一封信，信中说道："我们现在离开是暂时的，是要想谋将来永远幸福，所以你我不必以为是一件可忧的事。我们应该在这时期中大家努力做，寻我们将来永远的幸福，这是一件何等快乐的事呵。我并没有一点忧愁，因为我有这个目的在心中……"

火车沿着西伯利亚大铁道缓慢地西行。西伯利亚被皑皑白雪覆盖着，张太雷透过结着冰花的玻璃朝外望去，天地一片白茫茫。经过将近一个月的停停走走，张太雷同维经斯基夫妇一道抵达了伊尔库茨克。

1921年3月23日，共产国际远东书记处发布第四十一号命令，任命张太雷为中国科临时中方书记，给予三级政治工作人员薪金，每月六千一百六十卢布，由红军第五军政治部提供。

共产国际第三次代表大会召开前夕，张太雷被推选为中国共产党的代表，受命前往莫斯科参加会议，并负责起草中国共产党致共产国际三大的书面报告。

在共产国际远东书记处负责人舒米亚茨基的帮助下，张太雷完成了长达一万五千字的书面报告。报告共分九个部分：中国的政治形势、经济状况、知识分子、社会主义运动、妇女运动、中国工人和农民的状况、中国的工人运动、中国的共产主义运动、中国的前景，向共产国际详细介绍了中国的国情，提出了与民族资产阶级结盟和重视依靠农民运动等设想。

舒米亚茨基后来在一份文件中介绍说："这份报告是按纯粹的马克思主义的方式写的，没有任何陈词滥调。它的基础乃是对各种力量和形势的严肃客观的评价。代表大会将据此做出结论，并制定出对待共产主义运动的工作方法和立场。在此报告中，我们解释了中国这些共产主义小组的组织发展过程何以形同激进知识分子的运动，并论述了现在的任务和我们为之奋斗的目标。张（太雷）同志的报告中指出，备受帝国主义和本国军阀掠夺的中国，若想摆脱目前处境，唯一出路就是社会革命……我们写了这个报告，为的是将其纳入（共产国际）第三次代表大会的记录之中，使其成为下一步工作的基础，并以此证明共产党的成熟。"

俞秀松与张太雷曾因创建社会主义青年团之事有过多次联系，1921年5月中旬，俞秀松途经伊尔库茨克换取通行证时，曾得到张太雷的热情帮助。两人年龄相仿，对很多社会问题的看法也都一致，一时引为知己好友。此时，同住一个房间，两人常常一聊就是通宵达旦，交流得最多的是各自开展社会主义青年团工作的情况。俞秀松是上海社会主义青年团的书记，张太雷赴苏俄前是天津社会主义青年团的书记，两个团的工作各有亮点，两人都觉得对方团的工作有很多可借鉴之处。

《国际歌》有了中文版

一日，张太雷把一位长相斯文、戴着金丝边框眼镜的年轻人带到与俞秀松同住的房间，介绍说："秀松，这是我的老乡、常州中学的同学瞿秋白。秋白是大才子，文章写得好，他是北京《晨报》的记者，专门前来报道大会的情况。"

俞秀松早就听闻过瞿秋白的大名，拱手道："久仰久仰！"

张太雷颇为自豪地说："秋白也是中国共产党党员，我还是秋白同志的入党介绍人呢。"

俞秀松高兴地叫着："太雷同志，秋白同志。"三个人手紧握在一起，都开心地笑了。在国内时，共产党员尚不能在公开场合称"同志"，但是来到莫斯科，他们耳边听到的都是"同志"，这是多么亲切的称呼啊。

瞿秋白1899年1月出生于江苏常州，和俞秀松同年。其祖上是宜兴望族，其父瞿世玮擅长绘画、剑术、医道，生性淡泊，不治家业，经济上靠瞿秋白在浙江做知县的伯父瞿世琥接济。1909年春天，瞿秋白考入常州府中学堂，与张太雷为校友。辛亥革命后，伯父瞿世琥弃官，停止了对瞿秋白一家的资助，瞿秋白家陷入经济困境，靠典当、借债度日。1915年冬，瞿秋白因交不起学

瞿秋白1921年摄于莫斯科

瞿秋白与李宗武

费辍学。其母不堪忍受种种精神压力，愤而自杀，家境愈发艰难。

1916年底，瞿秋白得到表舅母资助，赴汉口，寄居在京汉铁路局当翻译的堂兄瞿纯白家中，并进入武昌外国语学校学习英文。1917年春，瞿秋白随堂兄瞿纯白到北京，考入外交部俄文专修馆，学习俄文。

1919年，五四运动爆发，瞿秋白积极参加游行、示威、演讲活动，于6月3日上街演讲时被捕，6月8日获释。

7月17日，瞿秋白在《晨报》上发表《不签字后之办法》一文，分析了拒签巴黎和约后中国政府面临的国际局势，提出了作为主权国所应采取的三点应对策略，希望中国政府在外交中"有手段，有眼光，勿再蹈失败之覆辙"。

1920年3月，瞿秋白加入李大钊等人在北京大学创立的马克思主义研究会。

瞿秋白还与郑振铎等人一起创办了《新社会》旬刊,以改造社会为己任。《新社会》影响甚广,从上海、济南、长沙、温州、杭州等地到四川、广东、广西等省和东北地区,都有代办处。《新社会》为瞿秋白提供了施展才华的舞台,印下了他早期思想变化的踪迹。他逐步倾向社会革命,转向广大劳工阶级;从杂糅的改良主义、无政府主义、实验主义等初步转向社会主义。这个重大转变,是他不久后赴俄的思想基础。1920年5月,《新社会》被查封,罪名是"主张反对政府"。

1920年秋,北京《晨报》社和上海《时事新报》社,为直接报道世界各国形势,决定派出一批驻外记者。瞿秋白、俞颂华和李宗武被选聘为驻俄国的特派员。瞿秋白的亲友不理解其赴俄的决定,纷纷劝阻——当时列强大肆攻击新生的苏俄政权,不知真相的普通民众常常闻苏色变,而且前往苏俄,路途遥远,危险重重,秋白文弱,能否经受一路的辛劳和险阻?瞿秋白感谢亲友好意,但表示自己心意已决,仍将"自趋绝地"。他后来在一篇文章中写道:"我却不是为生乃是为死而走,论点根本不同,也就不肯屈从。"他不满足于"隔着纱窗看晓雾",迫切希望赴苏俄实地考察,获得第一手资料,研究社会主义革命,以"担一份中国再生时代思想发展的责任","略尽一份引导中国新生路的责任"。

1920年10月18日,瞿秋白、俞颂华、李宗武乘坐中国派驻莫斯科总领事陈广平一行的专车,前往苏俄。途中,遇谢苗诺夫白军残部与远东共和国红军激战,只得在哈尔滨滞留了五十天。

在哈尔滨期间，瞿秋白写了九篇通讯，又与俞颂华、李宗武合作写了四篇，报道日本势力的动向，报道国人所关注的远东共和国和苏俄的情况。他采访了中东铁路沿线的苏俄干部和同情苏俄的侨民，旧俄党派机关报《俄声》主笔、白匪谢苗诺夫的机关报《光明》主笔、俄共（布）机关报《前进报》总经理等不同派别的人物，比较之下，深感俄共"对于中国的感情很好，而深恨日本"。12月16日，交战双方停火，局势渐趋稳定，瞿秋白一行再次登上专车，进入西伯利亚，前往莫斯科。经过四十天的缓慢前行，经过赤塔、鄂木斯克、秋明、乌拉尔山上的科东站、伏尔加河等地，一行人终于在1921年1月25日晚上11时，抵达莫斯科雅罗斯拉夫车站。

在俄罗斯，瞿秋白参加了全俄华工大会及俄共第十次代表大会，常去艺术场馆、文化圣地参观，观看文艺演出，接触诗人和作家，采访民众，收集了丰富的素材，撰写了大量文章。他说："我的责任是在于：研究共产主义——此社会组织在人类文化上的价值，研究俄罗斯文化——人类文化之一部分，自旧文化进于新文化的出发点……饥寒苦痛是我努力的代价。现在已到门庭，请举步入室登堂罢。"

在莫斯科相遇的瞿秋白、张太雷和俞秀松有很多共同的话题，相谈甚欢。瞿秋白谈来到苏俄后采访到的见闻，张太雷谈在共产国际远东书记处的工作情况，俞秀松谈上海的党、团建设情况，三人还经常讨论如何让中国的革命得到世界的关注和支持。

这一日，瞿秋白来到张太雷和俞秀松的客房，说道："来来来，我们来学唱《国际歌》，到时开大会时所有代表都要一起唱。"

瞿秋白翻译的《国际歌》

张太雷哼起了《国际歌》的曲调,说道:"《国际歌》,我会唱啊。"

瞿秋白拿来一张纸,说道:"我把《国际歌》译成了中文。开会时各国代表可以用自己国家的语言唱,我们用中文唱。"

张太雷、俞秀松一听,马上凑过来看歌词,学唱《国际歌》。

起来,受人污辱咒骂的!
起来,天下饥寒的奴隶!
满腔热血沸腾,
拼死一战决矣!
旧社会破坏得彻底,

走进克里姆林宫的中国青年 | 255

新社会创造得光华。
莫道我们一钱不值,
从今要普有天下。
这是我们的最后决死争,
同英德纳雄纳尔人类方重兴!
这是我们的最后决死争,
同英德纳雄纳尔人类方重兴!
……………

激昂的旋律与优美的中文一结合,立刻有了直抵人心的力量,唱着唱着,张太雷、俞秀松感觉浑身的热血都沸腾了。

瞿秋白翻译的《国际歌》后来发表在1923年6月15日出版的《新青年》上,他是第一个把《国际歌》译成中文的人。

参会的中国代表中混入了投机分子和叛徒

一日，张太雷从外面回到酒店客房，很气愤地跟俞秀松说道："你知道我今天在宾馆大堂里看到谁了吗？江亢虎！而且我一问，他居然取得了共产国际三大的代表资格。"

俞秀松一听，也激动起来，说道："这个投机分子，居然钻营到莫斯科来了！"

江亢虎何许人也？为什么张太雷、俞秀松一听到他的名字就情绪激动？

江亢虎自称是"中国社会党"的领导人。1911年，江亢虎在上海成立"中国社会党"，自己担任上海本部部长。之后，"中国社会党"发展迅猛，党员人数一度达到五十二万三千人，在江苏、浙江以及上海、北京、天津等地建立了四百九十多个党支部。1913年，袁世凯镇压"中国社会党"，杀害"中国社会党"北京支部部长陈翼德。同年8月，江亢虎迫于袁世凯的淫威，宣布解散"中国社会党"，自己避走美国，取得了加利福尼亚大学汉文助教和美国国会图书馆顾问等头衔。获知列宁创建共产国际后，江亢虎马上设法与共产国际取得联系，自称"中国社会党"是"奉行马克思主义"的组织，得到了共产国际的信任，并取得了代表证和表决权。

不多时，俞秀松又气愤地告诉张太雷，他在代表名单里看到了姚作宾的名字。

姚作宾原是五四期间全国学生联合会的领导人，在第二次学生大罢课期间已经成为中国学生唾弃的卑鄙叛徒。张太雷和俞秀松后来了解到，姚作宾在国内已被认定为叛徒，但他不死心，仍然四处活动，企图在共产国际获得合法地位与支持。1920年5月，他专门前往海参崴请求俄国人援助中国革命，得到承诺后即回国秘密组织"中国共产党"，后又转赴莫斯科要求加入共产国际。

说起姚作宾的"中国共产党"，俞秀松十分不屑："姚作宾代表的所谓中国共产党，纯粹是投机取巧的产物。"

张太雷说道："江亢虎和姚作宾利用俄国人不了解中国革命的情况，企图鱼目混珠，这两人太卑劣了！"

俞秀松忧心忡忡地说："如果姚作宾的'中国共产党'和江亢虎的'中国社会党'都被共产国际认可，势必造成中国同时存在三个'正统'的共产主义政党的现象，将会使人心混乱，给中国的革命造成不可估量的困难。"

张太雷很坚决地说："我们一定要揭发他们！不能让他们得逞！"

俞秀松说："江亢虎与姚作宾两人的性质还不一样。江亢虎的'中国社会党'是中国资产阶级性质的政党，凭这一点，他就不能有代表资格。而姚作宾的'共产党'在创建时，没有俄共（布）的直接参与和指导，可以让杨明斋把这个情况向共产国际报告。"

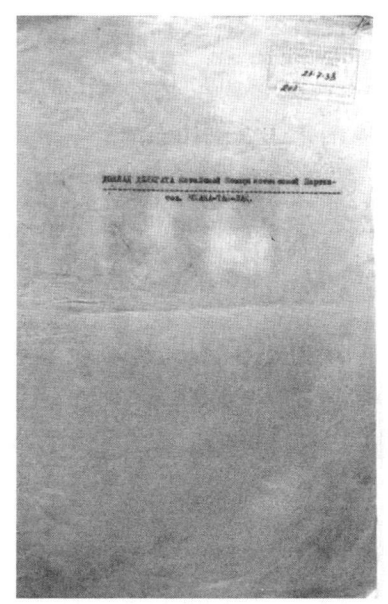

俄罗斯国家社会政治历史档案馆馆藏的署名张太雷的《致共产国际第三次代表大会的报告》（俄文本）封面及内页（部分）

俞秀松与张太雷经过商议，决定联名给共产国际执行委员会主席季诺维也夫写信，揭露江亢虎反马克思主义的真面目，抗议大会资格审查委员会承认江亢虎的代表资格。信中很郑重地写道："我们提出下面三点理由：1.他并不代表任何一个中国政党。他自称代表的社会党在中国并不存在。他是中国反动的北京政府总统的私人顾问。2.中国青年对他并不尊重，也不信任。如果他以青年代表的身份参加共产国际，那就肯定会妨碍共产国际和中国共产党的工作，破坏他们的声誉。3.他是十足的政客，他善于利用一切机会来达到自己的目的。他会利用他是共产国际承认的代表这一事实,在中国从事卑鄙的勾当,从而损害中国共产党。……我们很重视这件事,因为它会对中国的革命运动产生很大的影响,有损于共产国际和中国共产党。我们请您注意这一点。"

会后,俞秀松又联络杨明斋,向共产国际提交了《中共代表俞秀松为姚作宾问题致共产国际远东书记处声明书》,指出姚作宾是北京学生运动的叛徒,不能代表中国的共产主义者,要求撤销对姚作宾"共产党"的认定,取消姚作宾出席大会的资格。

共产国际收到报告和信件后十分重视,对张太雷和俞秀松提出的问题进行了认真而审慎的研究,最终决定收回姚作宾、江亢虎的代表证,维护了中国共产党唯一的中国无产阶级政党的地位,也确立了中国共产党是共产国际在中国的唯一支部的合法地位。

共产国际大会上第一次响起中国共产党人的声音

6月22日,共产国际第三次代表大会在莫斯科大剧院举行开幕式,大剧院五千余个座位座无虚席,会场气氛非常热烈。出席这次大会的有五十二个国家一百零三个政党和组织的六百多名代表。张太雷作为中国共产党的代表,俞秀松作为中国社会主义青年团的代表出席了会议。季诺维也夫宣布开会时,全场爆发如雷的掌声。在这次会议上,列宁被选为大会名誉主席。

开幕式后,代表大会在克里姆林宫安德莱厅举行。

7月12日,是大会的最后一天,在当日召开的共产国际三大第二十三次会议,将讨论东方问题。按原计划,张太雷将在今天的大会上代表中国共产党发言。

关于这次发言,舒米亚茨基后来在一份报告谈道:"由于中国还没有集中统一的中国共产党,我们本以为,中国代表团不仅没有表决权,而且也没有发言权。但是,在我做了详尽而客观的报告之后,共产国际执行委员会小局已决定,给予中国代表团发言权。由此可见,共产国际是何等热情地对待中国共产主义者的代表团。"

发言之前,张太雷内心有些忐忑,这可是中国共产党的代表

俞秀松（坐者右四）、张太雷（站者左五）、瞿秋白（站者左四）、陈为人（坐者左四）出席共产国际三大和青年共产国际二大会议期间与各国部分代表合影

第一次在国际性会议上亮相，第一次向全世界发出声音，他的发言将关系到世界各国代表对中国共产党的看法，关系到中国的革命是否能够得到共产国际和世界各国的关注和支持，这是何等艰巨的使命啊。

会前，张太雷反复斟酌，从中国共产党《致共产国际第三次代表大会的报告》中选取了精要，作为发言的内容。一有时间，张太雷就拉着俞秀松和瞿秋白当听众，听他一遍遍练习。

共产国际三大第二十三次会议进行到一个多小时时，大会执行主席宣布："由于上台发言的人比较多，下面发言的代表时间不得超过五分钟。"

"五分钟？这怎么讲呢？该选取哪些重点？"张太雷翻动着

手中的稿子，一时有些措手不及，但他很快就镇定下来，迅速调整思路，掏出纸笔，列出简要提纲。

时间就在他凝神思考时一分一秒飞快地过去了，很快，张太雷就听到大会执行主席喊他的名字——"现在请中国共产党代表张太雷同志发言。"

张太雷迅速站起来，从容地走向讲台。代表们都以热情新奇的目光，注视着这位来自中国的红色使者。

张太雷走上讲台，用洪亮有力的声音开始了演说："亲爱的同志们，我本想向大家介绍一下中国共产主义运动的概况和中国反帝斗争的各种革命力量，但是时间有限，在五分钟的时间里，我只能向大家阐明远东共产主义运动对世界革命的意义。"

他说道："日本帝国主义侵略，决不单是远东应该急需解决的紧迫问题，对全世界无产阶级，对新生的苏维埃政权，都是一个经常性的威胁，如果不制止它，将会严重阻挡远东各个民族走向共产主义……第一次世界大战以后，日本和英美一样，已经成为强大的帝国主义国家……对世界革命将会成为严重的阻碍！共产国际和各国共产党，今后对远东的革命运动，要更多地加以注视，要不惜一切给予支援！……世界共产主义事业是一个整体，你们如能更大地关注，更多地支持、支援中国革命，中国的无产阶级和其他各种革命力量也一定会给你们以巨大的援助！我们有共同的目标，这就是为共产主义理想在全世界实现而奋斗。我们有共同的敌人，这就是帝国主义。"

张太雷站在世界革命的高度，把远东的问题尖锐地摆出来，使得那些长期以欧洲为中心而忽视东方的人们心头一震。

演说完毕，张太雷举起右手，握紧拳头高呼："世界革命万岁！共产国际万岁！"楼上楼下的代表们为他的演说所感染，纷纷站起来向他热情鼓掌。主席台上，列宁等领导人也含笑注视着这位出色的中国革命使者，为这个年轻的代表频频鼓掌。

作为记者的瞿秋白，充分显示出优秀的职业素养，时而在会场凝神倾听，时而观察听众的精神状态，时而追着相关人物采访。他记述了托洛茨基的《世界经济现象》提案和发言，描写了听众高昂的情绪，更浓墨重彩地描写了列宁的光辉形象：

列宁出席发言三四次，德法语非常流利，谈吐沉着果断，演说时绝没有大学教授的态度，而是一种诚挚果毅的政治家态度流露于自然之中……

安德莱厅每逢列宁演说，台前拥挤不堪，椅上，桌上都站堆着人山。电气照相灯开时，列宁伟大的头影投射在共产国际"世界无产阶级联合起来"，俄罗斯社会主义联邦苏维埃共和国等标语题词上，又衬着红绫奇画——另成一新奇的感想，特异的象征……列宁的演说，篇末数字往往为霹雳的鼓掌声所吞没。

在安德莱厅走廊上，瞿秋白与列宁相遇，他喜出望外，赶紧上前："列宁同志，我是来自中国的记者，我想向您请教几个关于东方民族和殖民地的问题。"因为激动，瞿秋白的声音有些发抖。列宁微笑着看了看面前的中国青年，轻轻颔首，略谈了几句，才道了一声歉，匆匆离去。瞿秋白望着列宁的身影，久久没有收回目光。

共产国际第三次代表大会闭幕时，会场响起了用各种语言高唱的《国际歌》。来自中国的青年张太雷、俞秀松、瞿秋白等人，唱起了瞿秋白翻译的中文版《国际歌》。

起来，受人污辱咒骂的！
起来，天下饥寒的奴隶！
满腔热血沸腾，
拼死一战决矣！
旧社会破坏得彻底，
…………

中国青年与世界各国的代表们站在一起，共同高唱《国际歌》，他们的声音与世界的声音连成了一片。

7月9日至23日，青年共产国际第二次代表大会在莫斯科齐明歌剧院举行。俞秀松作为上海社会主义青年团的代表，出席了大会，并在大会上发言。张太雷作为中国共产党的代表，外国语学社的学员陈为人作为中国留学生推选的代表，也参加了大会。

俞秀松围绕中国青年运动的兴起、社会主义青年团的产生、青年与工人运动的结合、中国社会阶级的初步分析和近期的前景等问题，在大会上做了报告。他介绍说："中国的青年运动发轫于1919年。这场遍及全中国的运动具有爱国主义的、反对日本帝国主义的性质，同时具有伟大的政治意义和社会意义……它是中国社会主义青年运动的开端……这场运动影响了中国古旧的生活方式。几乎整个青年一代都开始批判地对待旧中国几千年的文化。"俞秀松还介绍了中国社会主义青年团的创建过程和建立后开展的工作：我们的学生团员到工厂，装扮成工人。在上海、长沙和中国的其他工业区开办了夜校、午校。宣传小组每周在街头组织集会，与广大民众聊天。青年团把它视为他们最重要的任务之一，以帮助工人改善劳动条件、获取较高的工资、减少工作时间。

俞秀松在报告中还比较详细地介绍了中国社会主义青年团的组织机构、组织原则及其与中国共产党的关系：本年初建立了临时中央执行委员会；我们社会主义青年团密切配合党的工作，服从于党并与党一道在工人和士兵中间工作；团接受党布置的组织罢工和进行其他政治活动的任务。同时，团在自己的工作中保持独立性。

对于中国社会主义青年团今后的任务，俞秀松介绍说："团近期的任务是建立紧密团结的中央领导机构，以集中全团领导和监督团的活动，研究一些问题并向地方支部发出指示。"

俞秀松的报告，让青年共产国际和各国革命者开始了解中国社会主义青年团及青年运动的状况，也使中国青年运动与世界青年运动紧密地联系在了一起。

7月23日，青年共产国际第二次代表大会胜利闭幕。大会的最后一次会议通过决议，将青年共产国际执行委员会从柏林迁到莫斯科。

大会结束后，俞秀松在莫斯科东方劳动者共产主义大学学习了数月。

1922年1月，远东各国共产党及民族革命团体第一次代表大

陈为人

会在莫斯科召开。列宁致大会开幕词，并做了政治报告。俞秀松、宣中华、张秋人、瞿秋白、任弼时、萧劲光、柯庆施等中国留学生以正式代表的身份参加了这次盛会。俞秀松还代表中国党、团组织在大会宣言上签了名。会议期间，他们还幸运地得到了列宁的接见。

1922年3月，俞秀松结束了在莫斯科东方大学的学习，回到上海。在他奉命出使莫斯科期间，1921年7月下旬至8月初，中国各地的共产主义小组和旅日的党组织代表在上海及浙江嘉兴南湖的游船上秘密召开了中国共产党第一次全国代表大会，一个以马克思主义为指导、由无产阶级先进分子组成的政党——中国共产党诞生了。

东园的竹棚

从五四运动到团一大召开,时间走过了三年。

从在东园竹棚里召开团一大至今,已走过百余年。

1921年12月29日清晨，薄雾笼罩着日本横滨港，一艘名为亚利桑那丸的巨轮正准备启航。

早上8点半，汽笛长鸣，亚利桑那丸号缓缓地离开了港口。三等舱的船舱内，一名身形瘦弱、一脸病容的青年身着立领外套，站在船窗前，朝着陆地的方向眺望。岸上的建筑越来越小，陆地渐渐远去，最后只剩下茫茫的海水。

突然，青年大声咳嗽起来，越咳越剧烈，直咳得身体蜷缩，满脸紫胀。

同舱的乘客认出咳嗽不止者是中国留学生施存统。几天前，施存统的照片被刊登在日本的各大报纸上，他被捕和被驱逐出境的报道铺天盖地，甚至连远在中国的《晨报》和《申报》也刊登了他被捕的消息。

1920年6月，施存统来到日本，一边留学，一边治疗肺病。一年多后，他被日本警视厅驱逐出境，在神奈川刑警的监视下离开日本。日本警视厅驱逐他的理由是"与日本社会主义者频繁联系，与中国国内共产党人和无政府主义者密切联系，宣传马克思主义和社会主义"。

日本警方的指控是事实。施存统在日本期间，确实与日本的社会主义者接触频繁，还在中国共产党发起组的指挥下，建立了中国共产党日本小组，积极发展组织成员，宣传马克思主义。

尽管受到拘捕并被驱逐出境，但施存统并无任何"悔过"之意。咳嗽好不容易平息后，他又挺直腰杆，瘦弱的身板站得笔直。

面对监视他的神奈川刑警,他慷慨地宣告了自己对未来的憧憬——

"中国眼下文化运动正盛,将来再兴起工人运动、军队运动,相信必定能够赤化。我将来不会抛弃现在信奉的主义,还要更加研究它。"

日本警察对施存统的"冥顽不化"直摇头,把他的言行记录下来,登载在日本《外事警察报》上。

这个世界从来不乏目光深邃的智者,他们总能透过现实的迷雾看到久远的未来。日本学者石川祯浩看到报上关于施存统言行的消息后,说道:"对于确立了自己坚定信念的施存统来讲,已经没有什么东西值得害怕。他正在前往的中国,已经涌现了一批和自己一样信仰共产主义的青年,而其核心中国共产党正迫切需要更多的积极分子来加入。"

是的,没有什么值得害怕,新生的中国共产党正迫切需要施存统这样的得力干将回来工作。

第一个目标——团员数达到二千人

亚利桑那丸号乘风破浪，途中经过神户、门司，于1922年1月7日抵达上海。

施存统一踏上码头，一群黄包车夫争先恐后地围了过来："先生，要黄包车哇？我拨侬便宜点。""先生，耐要去啥地方？我送耐。""先生，侬看看，我格部车子交关新。"上海话、苏北话、宁波话……久违的方言温水一般朝着施存统涌过来，说不出的亲切和熨帖。在日本时，遭到警察拘捕、训斥、驱逐，施存统没有掉过一滴眼泪，但此刻，看到熟悉的城市街景，听到熟悉的话语，施存统的眼圈红了。他轻轻地吁了一口气，在心里默默地说："我回来了！"

然而，离开一年多，上海的变化也是显而易见的，人和事都已不是他离开那一刻的模样。施存统来到法租界霞飞路新渔阳里六号大门前，只见大门紧闭，里面寂然无声。他敲了敲门，良久，有男子趿拉着拖鞋过来开门，然后眯着眼睛打量施存统。施存统礼貌地问道："请问原来住在这里的杨先生……"未等他说完，那人便不耐烦地挥挥手，说道："搬特了，搬特了（上海话，意为搬走了）。"

"哐啷"一声,大门又关上了。往日那么亲切的大门,如今居然用一副莫测高深、无可奉告的冷漠表情应对他。

望着黑洞洞的大门,施存统怅然若失。那些你争我辩、高谈阔论的昔日时光,光一样转过来,又风一样转走了。朝夕相处的伙伴们,你们去了哪里?

施存统失魂落魄地离开新渔阳里,慢慢来到环龙路老渔阳里二号。站在黑色的大门前,他犹豫再三,不敢敲门,深恐老渔阳里二号也与新渔阳里六号一样,物是人非。

门"吱呀"一声开了,只见一名身着长衫棉袍的中年男子夹着包走了出来,正是施存统一年多未见的陈独秀先生。

施存统喊了一声"陈先生!",竟有些哽咽。

陈独秀一看是施存统,大喜,高声喊道:"是存统回来啦!"但他马上意识到这样不妥——施存统在日本被捕、被驱逐出境的消息,上海的报上都登过。他当即掩上门,引着施存统往里走。

陈家的客堂还是旧时模样。施存统看着小黑板上"闲谈不得超过十五分钟"的字样,嘴角不由自主地向上扬起。

施存统说:"我去了新渔阳里六号,我们的人都不在那里了。我还担心先生您也搬走了。"

陈独秀说道:"前年12月我去广东工作了一段时间,去年9月回上海主持中共中央局的工作。"

施存统汇报了自己在日本创建中国共产党日本小组的情况,陈独秀听罢,颇为赞许,说道:"你和周佛海创建中国共产党日本小组的情况,佛海回来都说过。你后来在非常困难的情况下想方设法发展小组成员的事,我也知道一些,你干得非常出色。"

施存统又讲了自己被日本警视厅拘捕和驱逐出境的经过,陈独秀安慰道:"回来也好,我们的党、团工作正缺人手,你回来我们就多了一员得力干将。"随即,他又笑着对施存统说:"坐牢怕什么?坐牢只会让我们愈挫愈勇。两个月前你要是到这里来,你肯定见不到我,那时我在法租界巡捕房的监牢里。"

1921年10月4日,陈独秀在老渔阳里二号家中被捕。10月5日,法租界会审公堂指控"陈独秀编辑过激书籍,有过激行为,被侦处查实,已搜出此类书籍甚多,因此有害租界治安"。10月6日,上海《申报》刊登了陈独秀被捕的消息,之后,上海、北京等地各大报刊也报道了此消息。

陈独秀被捕的新闻,立刻搅起舆论波澜,其友人纷纷施以援手,掀起营救浪潮。胡适得知消息后,请北京大学校长蔡元培与法国使馆联系,设法营救陈独秀。在中国共产党内部,张太雷和李达商量后,请孙中山出面相助。孙中山一面致电法国驻沪领事,请他们释放陈独秀,一面亲自关照广东省银行,电嘱由他担任总董事长的上海中华银行代解银圆一千元,作保释陈独秀之用,并让褚辅成、张继等出面保释陈独秀。在沪的共产国际代表马林更是鼎力相助,出资聘请了著名律师巴和出庭为陈独秀辩护,又找铺保保释陈独秀,还打通了会审公所的各个关节。

经过多方营救,10月26日,法国副领事宣判:"搜获书籍虽多,尚无激烈言论。惟查出《新青年》有违前次堂谕,判罚洋一百元了案。"

听着陈独秀从容地讲述自己被捕、获释的经过,施存统的钦

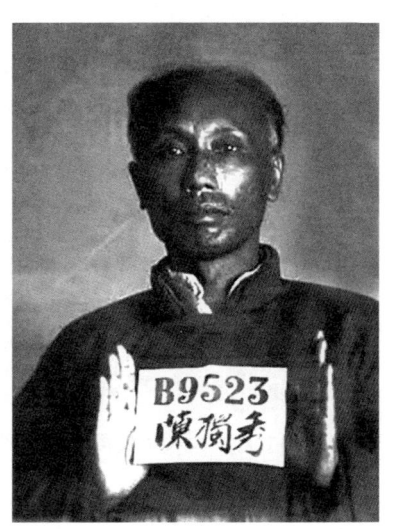

1921年10月陈独秀在上海法租界被捕时的照片

敬之心油然而生,他想:"牢狱之灾,付诸笑谈,大概也只有仲甫先生才有这般气概。"陈独秀如炬的目光,点燃了施存统心中的火焰。

获释后的陈独秀,并没有"收敛"的打算。1921年11月,他以中共中央局书记的名义发出了《中国共产党中央局通告》(以下简称《通告》)。《通告》要求上海、北京、广州、武汉、长沙五区在1922年7月以前,每区党员都要达到三十人,并尽早成立区执行委员会,以便1922年7月召开第二次全国代表大会时正式成立中央执行委员会。同时规定"全国社会主义青年团必须在明年七月以前超过二千团员",要求各地党组织切实注意青年运动,对青年团组织的领导要"依新章从速进行"。

陈独秀拿出这份《通告》,指着"全国社会主义青年团必须

东园的竹棚 | 275

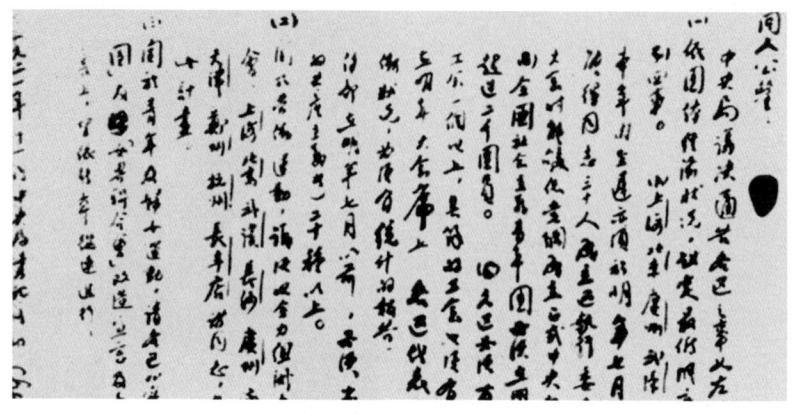

1921年11月，中共中央局书记陈独秀签发了要求各地建团的通告

在明年七月以前超过二千团员"一句话，说道："存统，这件事你来牵头！"

施存统点点头，应道："好！"

但施存统心里明白，摆在他面前的困难是不言而喻的。

社会主义青年团曾经有过一个蓬勃发展的阶段。1920年8月22日上海社会主义青年团率先成立后，联络各地建团，各地纷纷响应，一时间，青年团组织遍布全国，到1921年3月，全国的社会主义青年团团员已经达到一千余人，为此还成立了中国社会主义青年团临时中央执行委员会，由俞秀松担任临时团中央书记。

但之后俞秀松赴莫斯科开会、学习，各地团组织骨干成员也纷纷流失，再加上经费困难，1921年5月前后，各地团组织都陷入了半停顿或者停顿状态。

1921年7月，中国共产党的成立给青年团和青年运动提供了新的发展契机。1921年8月，张太雷从苏俄回国，带回了青年共产国际关于建设各国青年团的重要指示，在向中国共产党中央局汇报后，即拟整顿、重建青年团。11月，在张太雷的主持下，各地青年团和临时团中央的工作逐渐恢复生机。

但重新恢复的团组织毕竟元气大伤，很多活动还没有走上正轨，加之张太雷工作十分繁忙，共产国际交托的很多工作任务都需要他在全国各地奔走，有时甚至还要去日本等地工作，尤其是共产国际代表马林来到中国后，张太雷作为马林的助手和翻译，工作更是繁忙，青年团组织的很多具体工作便常常无暇顾及。

摆在施存统面前的，是一个亟待重新整饬的摊子，但有中共中央局在，有仲甫先生在，他就无惧任何艰难险阻。他看着陈独秀，信心十足地说："请先生放心，我一定好好工作，让青年团重振旗鼓！"

大沽路的春天

老渔阳里二号的光阴似乎总比别处走得快些,不知不觉,日影西移,两人面前的茶淡得没了颜色,陈独秀似乎也忘了要外出办事,谈兴甚浓。

他和施存统细细地分析了当前社会主义青年团团员的状况,说道:"建团初期,为了团结和吸引更多的人入团,对入团人员未做严格规定,青年团员成分复杂,马克思主义者也有,无政府主义者也有,基尔特社会主义者也有,工团主义者也有,意见常常不一致,彼此互相冲突。恢复和重建的青年团内不能有那么多不同的主义,要把全体团员的思想认识统一起来,确立一个共同的信仰,这个共同的信仰只能是马克思主义。"

施存统频频点头。几年间,他经历了很多事,经过反复学习和比较,早已把马克思主义确立为自己的信仰,因此,他非常赞同仲甫先生的意见。

陈独秀又说道:"存统,你要做的第一件事,就是把团员重新进行登记,然后通过各地的团组织,深入工厂、补习学校、学校等地,把其中信仰马克思主义的先进青年吸纳进来,发展成团员,受党教育,听党指挥,假以时日,一定能把青年团建设成一个富有朝气、充满活力的青年先进分子的组织，成为党组织的得力助手。今后，凡是有党组织的地方，都要有团组织。中国共产党第一次全国代表大会开过后，党的各项工作开展得很快，中国社会主义青年团的第一次代表大会也要适时开起来。"

随着交谈的深入，一个有着远大前景的青年团组织在施存统的脑海里一点一点清晰起来，他为此兴奋得脸微微红了，病容一扫而光。

他对陈独秀说："听先生一席话，我对如何开展团工作有了一些思路。只是，既已不能继续在新渔阳里六号办公，是否需要另觅办公场地？"

陈独秀说道："必须另外找一个办公的地方，最好还在租界里——虽然租界里也会有巡捕过来搜查，但活动相对自由，而且对外联络也便利一些。"

团中央的临时办公地，最好临近老渔阳里二号，这有利于开展工作，但霞飞路、环龙路一带寸土寸金，租房价格着实惊人，而且也没有合适的房子。

找了几日，施存统终于在上海公共租界大沽路找到了一处合适的场所。房子坐北朝南，砖木结构，两层小楼，老式石库门样式，室内面积不大。考虑到团临时中央局办公室和青年团上海地方委员会都要在这里办公，以后要开会，要学习，要研究工作，有时还要供外地来的同志临时住宿，只租一上一下局促了些，施存统征得陈独秀同意，把紧挨着的三百五十六号、三百五十七号一起租了下来。

稍事拾掇后，三百五十六号楼下做了团临时中央局办公室，

上海大沽路中国社会主义青年团临时中央局机关旧址

楼上做了施存统的寝室。三百五十七号楼下则是青年团上海地方委员会会所,后来马克思主义研究会成立,会所也设在此处。三百五十七号楼楼上搁了几张床,可供外地来沪的同志暂时居住,一些隐蔽的会议也在楼上开。这里虽比不得独门小院,但大沽路相对僻静,开会、议事也便利。

考虑到被日本警视厅驱逐出境后,"施存统"三个字关注度太高,也太敏感,施存统便改用化名,叫"方国昌"。

天气渐渐回暖,又一个春天如期而至,上海公共租界在和暖的春风里慢慢苏醒过来。

施存统很快发现,公共租界里的春天与法租界的春天是不一样的。自1862年起，法租界就有计划推进公共道路和堤岸的建设，街心花园等都是对全体社会公众开放的，但公共租界开辟的公园，不允许华人入内（这个规定直至1928年才废止）。公园里百花争艳，华人却无权欣赏。

屈辱和不忿滞留在胸中，激起的是年轻人心中的信念：一定要让国家强大起来，让民族强盛起来，将来不再受外来者的欺辱。

大沽路三百五十六号、三百五十七号一天比一天热闹，每天都有青年出入其间。外地团组织派人来上海联系工作，也都在这里落脚。这里成了新渔阳里六号之后又一个青年革命大本营。施存统每周都要召集团员开一次大会，在他的带领下，青年团临时中央局的工作开展得有声有色。

他们着手做的第一件事便是调查了解各地青年团的基本情况和现状。他们逐个联系各团组织，要求各地以马克思主义为指导思想，恢复和重建社会主义青年团。原先入团的团员也进行了重新登记——青年团初创时，发展团员的程序不够完善，很多团员往往没经过团员介绍和组织审查就被吸收入团了。在重建阶段，各地青年团的组织程序都逐渐规范起来。

在恢复和重建阶段，谭平山领导的广东社会主义青年团是最有工作成效的。中国共产党第一次全国代表大会召开之后，谭平山响应党中央的号召，接受"上海总团的委托，再在粤组织分团"。他领导广东党支部于1921年11月到12月进行了紧张的重建广东社会主义青年团的准备工作。

1922年2月26日，广东社会主义青年团机关刊物《青年周刊》在广州创刊。广东党组织在东园召开大会,宣传共产主义,并提出建团的号召,说明入团的目的和入团手续,同时,制定和公布了《广东社会主义青年团章程》,加强对广大青年团员的社会主义思想教育,帮助他们树立共产主义信仰,明确改造社会的责任,并提出在串联发动、教育提高的基础上,重新登记团员。到1922年3月初,广东社会主义青年团重新发展登记的团员已有四百多人。1922年3月14日,广东社会主义青年团在广州东园召开成立大会暨马克思纪念会。大会向与会者赠送了马克思纪念章和马克思学说小册子。重新成立的广东社会主义青年团组织机构执行委员会下设劳工运动委员会、学生运动委员会、农民运动委员会、妇女运动委员会、军人运动委员会、政治宣传委员会、社会教育委员会七个委员会及文书部、宣传部、劳动组织部、财政部、总务部、地方分团六个部。执行委员会还派人在佛山、肇庆、梧州、南宁、汕头、琼州等地组织了分团。

1922年3月,俞秀松参加完远东各国共产党及民族革命团体第一次代表大会后,从莫斯科回到上海。在老渔阳里二号陈独秀的住处,俞秀松和施存统两位昔日的同窗好友,在分别一年多后再次重逢,激动地握住了对方的手。当年两人同时考入浙江省立第一师范学校,一起走过了一条艰难探寻的道路——无论是创办《浙江新潮》、被迫退学、北上参加工读互助团,还是来上海参与创建早期党、团组织的活动,两人都是并肩战斗的好战友。分别后的一年多里,施存统去了日本,俞秀松去了苏俄,虽然经过了不同的历练,但两人都收获了精神的成长。看着昔日的小伙伴变得愈发沉稳干练,两人都为对方高兴。

陈独秀看着两位爱将,颇感欣慰,他说:"太好了!你们都回来了!党、团工作需要你们!"

他一手拉着俞秀松,一手拉着施存统,说道:"秀松,你去莫斯科参加了青年共产国际第二次代表大会,一定有很多收获。存统,你组织一次团员会,让秀松给大家讲讲大会的情况,传达一下大会的精神。"

俞秀松和施存统都应道:"好!"

陈独秀又说道:"存统回来后,着手恢复和重建青年团组织,工作很有成效,但力度还要加大,组织工作还要加强。秀松,团的工作是你熟悉和在行的,你要尽全力帮助存统,把全国的青年团组织健全起来。你们俩都是从浙江省立第一师范学校出来的,对杭州的情况很熟悉,杭州的党、团基础还是比较好的,但目前杭州的青年团还没建立起来。秀松,这个任务交给你了。"

俞秀松接受了这个使命,几日后动身去了杭州。到了杭州,他感到那里的政治空气非常沉闷。杭州青年运动原先的部分骨干成员如汪寿华、梁柏台、韩慕涛、华林、胡公冕等人相继去了上海,而后出国寻求革命真理,另一部分骨干成员如宣中华、徐白民、王贯三、赵并欢、魏金枝、倪天忱等人去了工厂和农村。骨干成员的流失,大大削弱了学生界的进步力量。学校里,学生们大多埋头读书、不谈政治,原先思想比较进步的知识分子也在徘徊,政治空气沉闷之极。

俞秀松颇感无奈,他在1922年4月14日写给施存统的信中说道:"抵杭后即与各方面接洽,大约本周日曜日可望成功,人数总在二十以上。杭州空气沉静极了,或许简直死了!……青年学生如此，奈何，奈何！"

次日，他又在信中写道："S.Y.（社会主义青年团英文缩写）事昨已开筹备会议，与会者只师校三人，安定一人，及女同志一人而已。但已接洽赞成者十七八人，议决于星期三（十九日）下午在此开成立大会。我以为此事颇难进行，因此间学生实在太沉静之至，什么事皆如对牛弹琴，奈何？姑试为之。"

但俞秀松并未退缩，杭州的政治空气如此，就更需要有一个核心组织将青年们团结起来，让他们接受马列主义思想，引导他们走向共产主义。

4月19日，杭州社会主义青年团支部正式成立，地点在皮市巷三号，俞秀松兼任书记。4月20日，俞秀松用明信片向施存统报告说："青年（团）已于昨成立，现有二十七人。"

在团临时中央局和地方团组织的共同努力下，青年团重新焕发了生机和活力。据资料记载，至1922年5月5月团一大召开前，恢复和建立地方团组织的城市就有十七个——上海、北京、南京、天津、保定、唐山、塘沽、武昌、长沙、杭州、安庆、广州、潮州、佛山、梧州、新会、肇庆（文献资料多表述为有十七个，近年考证表明有十八个，含太原）。全国的团员数量达到五千多人。青年团的组织和活动进入了一个新的阶段。

在大沽路，施存统还牵头成立了马克思主义研究会，定期组织青年团员学习，用马克思主义武装青年团员的头脑。

1922年3月，大沽路三百五十六号的团临时中央局，还迎来了一份机关报——《先驱》。从此，这里又成了《先驱》报的编辑部，中国社会主义青年团也有了自己的舆论宣传阵地。

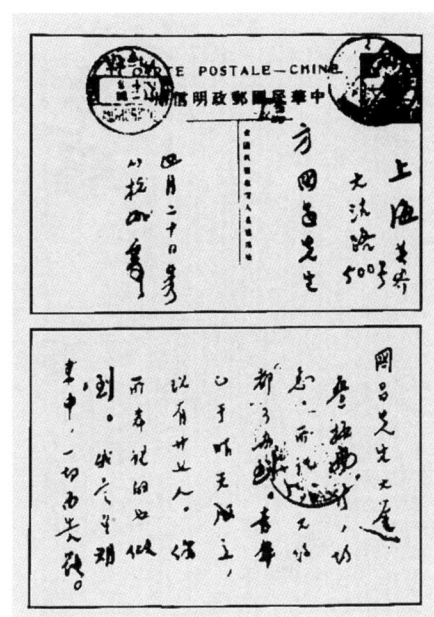

俞秀松在杭州写给方国昌
（施存统）的明信片

《先驱》原是北京社会主义青年团的机关报，创办于1922年1月15日。《先驱》编辑部设在北京大学文学院内，由北京社会主义青年团书记邓中夏以及团员刘仁静等人主编。《先驱》的发刊词表明："本刊的任务是努力唤醒国民的自觉，打破因袭、奴性、偷惰和倚赖的习惯而代以反抗的创造的精神，使将来各种事业，都受着这种精神的支配而改变。我们的政治，以后就不至于这样黑暗，我们达到理想的社会——共产主义的社会——的道路，也就容易得多了！"

《先驱》不但开宗明义地把共产主义作为自己的目标，而且在第一期便用道林纸套红印制了德国著名马克思主义者李卜克内

《先驱》团一大专号

西（当时译作里布克奈西特）和卢森堡的纪念专号。此后，《先驱》也一直以宣传、介绍马克思主义，介绍国际共产主义运动，讨论中国青年运动和工人运动为主，每期四开四版一大张，每半月出刊一次。

《先驱》创刊伊始，就在青年中间激起了强烈反响。但出版三期后，《先驱》就遭北京军阀政府查禁了。无奈之下，《先驱》报的编辑出版工作只好转移到上海，改由中国社会主义青年团临时中央局主办，由施存统出任主编。1922年3月15日，《先驱》报出版了第四期，并被定为中国社会主义青年团临时中央局机关刊物。4月1日，《先驱》出版《国际青年共产运动号》，刊载《中国社会主义青年团临时章程》，明确规定："正式中央机关未组成时，以上海机关代理中央职权。"

1923年8月15日，《先驱》停刊。从创刊到停办，《先驱》总共出版了二十五期，成为中国共产党和社会主义青年团的宣传阵地之一。1923年10月20日，在《先驱》停办两个多月后，《中国青年》正式创刊，接替《先驱》成为团中央机关刊。直至今天，《中国青年》仍然涌现出旺盛的生命力，成为无数青年的指路明灯。

团一大在东园的竹棚里召开

在恢复和整顿各地团组织的同时,中国社会主义青年团第一次全国代表大会的各项工作也在紧锣密鼓的筹备之中。

1922年2月22日,团临时中央局以中国社会主义青年团代理书记的名义向各地发出召开第一次全国代表大会的通知,通知写道:

1. 会期一礼拜,从四月一日起;
2. 地点在□□;
3. 代表每区二人,超过二百人之区,得增派代表一人;
4. 代表盘费,由各区自筹。

……………

急开全国大会之最重大理由有二:
1. 决议正式章程,组织正式中央机关,以联络统一全国S.Y.运动;
2. 预备在五月一日,做大规模的运动。

会议原计划于4月在上海召开。1922年3月6日,施存统收到

谭平山写给施存统的信

谭平山从广东写来的信，信中除了汇报广东团的工作情况外，还建议："大会地点，如能够改在广州更好，因为比较的自由。"

施存统立即带着谭平山的信去向陈独秀请示。陈独秀沉吟片刻，说："平山的建议很好，可以考虑。"

陈独秀在广州工作过几个月，对广州的情况非常熟悉。1921年5月，中华民国正式政府成立，孙中山就任非常大总统，总统府就设于广州观音山南麓。在民国政府统辖下的广州，社会环境比较宽松、自由，有利于民主进步势力的发展，也有利于开展革命群众集会、结社活动。

相比之下，1922年的上海，十里洋场，处处繁华，各种政见和思想在此碰撞，看似自由，但无论是政府当局，还是租界管理者，全都对共产主义者严防死守，一有火苗就立刻扑灭。

3月间，张太雷陪同一位俄国客人来到老渔阳里二号拜访陈独秀。宾主相见，张太雷介绍说："这位是青年共产国际派来的代表塞奇·达林同志，他是来帮助我们筹备团一大的。"

双方客气几句后，便开始商议召开团一大的各项细节，张太雷在一旁做翻译。

双方经过商议，将开会地点定为广州，会议时间定为5月5日。

之所以将时间定在5月5日，是因为这一天是马克思诞辰纪念日。达林在后来撰写的《中国回忆录》中解释说，因为"中国共产党的方针是变社会主义青年团为共产主义的青年组织，团代表大会赶在马克思诞辰纪念日召开，即强调了团的发展方向"。

组织会议是十分繁琐的事情，从会议内容到人员确定，从纲领制定到徽章设计，从会议议程到活动安排，每一样都需要精心准备。

团临时中央局专门成立了大会筹备组,又分成若干个小组。

达林、张太雷和蔡和森三人组成材料组,提前南下广州。

在汕头一家小旅馆里,他们起草了中国社会主义青年团的纲领、章程草案和各项决议草案。

初夏的岭南气温已经很高,到了夜间,更是湿热气闷,各种飞虫爬蚁纷纷出没,不停地向他们发动袭击。一种名叫中国白蛉子的虫子最为凶悍,每当他们专心讨论、协商事情时,中国白蛉子就肆无忌惮地叮咬他们。等到他们察觉时,脸上、手上、脚上都已经起了大包,奇痒难当。达林笑着说:"令人讨厌的中国白蛉子看来是站在外国帝国主义一边的。"三人看着大家滑稽的模样,都大笑了起来。

三人分工合作,工作进展很快,没几天,就一鼓作气地拟好了所有文件。大家高兴地唱起了《国际歌》,达林唱的是俄语,张太雷唱的是英语,蔡和森唱的是中文,不同的语言在这个小房间里汇成一曲激情的交响乐。

距离开会的日子越来越近,施存统以及各地参加会议的代表陆续到达广州。

正式会议召开前,他们专门组织召开了三次预备会议。

1922年5月1日下午4点半到7点半,第一次筹备会议召开。团临时中央局的张太雷、施存统和武汉、天津、北京等地的代表共十五人参加了会议,讨论了组建委员会办理大会事务、提案、大会主席、代表旅费等六项问题。在各委员会的成员问题上,大家讨论了很长时间,最后决定,统务委员会和审查委员会各七人加入,剩下的人都加入组织委员会。

5月2日上午，统务委员会第一次会议举行，确定了七位职员的职务。统务委员会共分三股：第一股，党纲起草员蔡和森；章程起草员张椿年（太雷）；提案征集员邓仲澥（中夏）。第二股，文牍员方国昌（施存统）；记录员俞秀松；新闻员陈公博。第三股，杂务员张继武。

5月3日下午1点，统务委员会召开第二次会议，专门讨论了中国社会主义青年团的纲领和章程。会议记录称："达林起草，经众讨论。结果，达林的草纲，众以为有不妥之处，推蔡和森修正。"最后修订的团纲中，明确提出了"铲除武人政治和国际资本帝国主义的压迫"的民主革命任务。这是中国共产党领导的青年团的第一份团纲和团章。

达林在后来回忆时兴奋地说："在这些文件中，我们宣告了外国帝国主义在中国的死刑。"

经过紧张的筹备，各项准备工作就绪。

1922年5月5日，天清气朗，惠风和畅，中国社会主义青年团全国第一次代表大会正式在广州东园拉开了序幕。

东园始建于清末，占地面积达两万四千多平方米，园中建筑华丽，花木欣荣，有可供演戏的舞台，还有布局巧妙的"八阵图"迷宫。大门处有一座约高八米的石桥式砖木结构门楼，坐北朝南，红砖砌筑，六柱五间，甚是气派。门楼正中为拱门，上方嵌有行楷阴刻的"东园"二字。

东园建园之初，是社会名流、文人骚客、富商雅集、参观的园林式游乐园。清末，此地举办过两届省运动会。五四运动后，

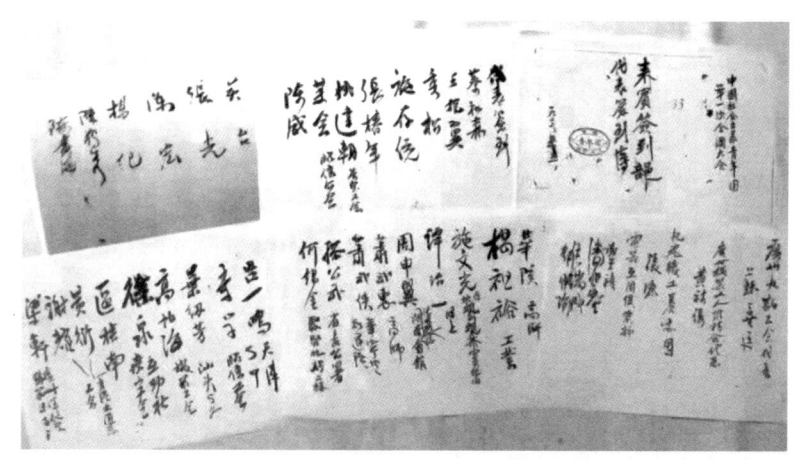

中国社会主义青年团第一次全国代表大会签到簿

一些重要集会和进步活动也在这里举行，这里成为群众的革命活动场所。

东园园内有一座用茅竹搭起的棚子，茅竹青翠，根根笔直，在一众中西合璧的建筑中显得清新别致，卓尔不群。竹棚面积大约有三十平方米，前面是一块空地，两旁各有一座四角凉亭，西边还有一座名叫襟江的茶楼。平日里，附近的人们喜欢来此乘凉讲"古仔"（粤语，即故事）。

1922年5月5日，这个竹棚被布置成一个主席台，主席台上挂着马克思的画像。二十五位来自全国各地的代表陆续走进会场，他们代表着全国十五个地方的五千多名团员。

下午1时，中国社会主义青年团第一次全国代表大会开幕式正式开始，会议主席张太雷走上主席台，说道："现在宣布开会，请奏乐。"

东园的竹棚 | 293

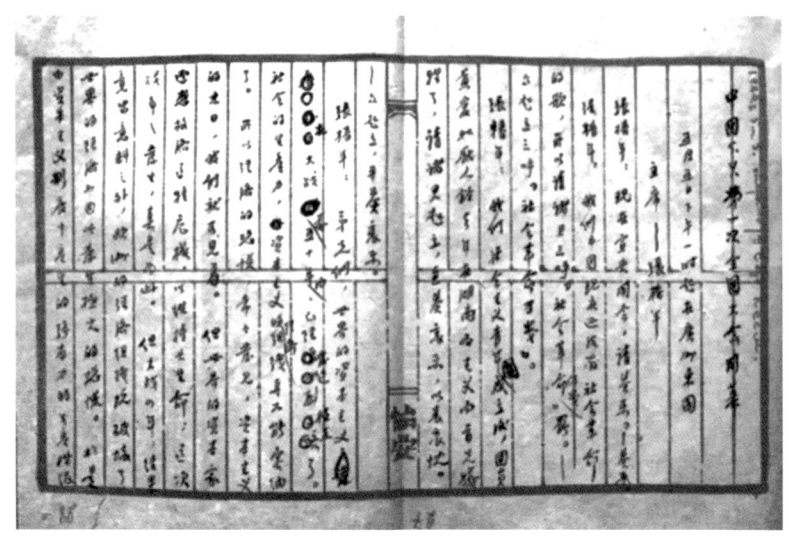

中国社会主义青年团第一次全国代表大会记录稿

奏乐完毕，张太雷说："我们现在还没有社会革命的歌，所以请诸位三呼'社会革命万岁'罢。"

张太雷代表团临时中央局致开幕词，提出了青年团的标语："倘使在中国的帝国主义的势力不打倒，中国的社会革命是不能实现。社会主义青年团并且反对中国的军阀，因为军阀是中国进化最大的阻力。所以我们的标语是：帮助劳工，打倒帝国主义和军阀！"

张太雷在发言中还说："社会主义青年团一方面为联络革命运动，并且帮助中国无产阶级训练，而为世界无产阶级革命之敢死队。"

1922年，年仅二十四岁的会议主席张太雷在团一大的开幕式上文采飞扬,激情四射。在俄罗斯国家社会政治历史档案馆,保存有八十页用毛笔字书写的中国社会主义青年团一大会议记录,张太雷的上述演讲词便在其中。

在当时的记录里,张太雷演讲词的最后三个字是"先锋队",后来记录者在"先锋"二字上画了两个圈圈,改为了"敢死"。

在团一大上,达林代表青年共产国际致辞,并做了《国际帝国主义与中国及中国社会主义青年团》的演讲。陈独秀做了题为《马克思的两大精神》的演讲,对马克思实际研究和实际运动的两个精神做了解读。施存统做了关于青年团临时中央局和上海青年团情况的报告。广东的谭平山、北京的邓中夏、长沙的易礼容、南京的莫耀明等,分别做了本地青年团情况的报告。

团一大还通过了《中国社会主义青年团纲领》《中国社会主义青年团章程》《青年工人农人生活状况改良的议决案》《关于政治宣传运动的议决案》《关于教育运动的议决案》《中国社会主义青年团与中国各团体的关系之议决案》和《中国社会主义青年团与国际青年团之关系议决案》。

1922年5月10日晚,团一大代表们以无记名投票、过半数当选的原则,选举高尚德(高君宇)、方国昌(施存统)、张椿年(张太雷)、蔡和森、俞秀松五人为团中央执行委员会委员,林育南、张秋人、冯菊坡三人为候补委员。次日,中国社会主义青年团中央执行委员会召开了第一次会议,研究决定书记人选、委员分工、团中央所在地等重要问题,会上,施存统被推选为书记。

中国社会主义青年团第一次全国代表大会标志着中国社会主义青年团的正式建立,中国青年运动从此有了统一的领导。中国社会主义青年团实现了思想上、组织上的完全统一,真正成为纲领明确的全国性青年组织。从这以后,作为党团结教育青年的核心组织的社会主义青年团,便在党的领导下,带动广大青年,参与到伟大的人民革命斗争中了。

从五四运动到团一大召开,时间走过了三年。

从在东园竹棚里召开团一大至今,已走过百余年。

光明,以及永远的纪念

张太雷牺牲不久,他的昔日同窗瞿秋白以无比沉痛的心情写下了《悼张太雷同志》,文中写道:"他死时,还是希望自己的鲜血,将要是中国苏维埃革命胜利之渊泉!"

李汉俊被首批追认为革命烈士,毛泽东主席签署的革命牺牲工作人员家属光荣纪念证上写着,"李汉俊在大革命中光荣牺牲,丰功伟绩永垂不朽"。

叶天底给哥哥写了一封绝命书:"我决不愿跪着生,情愿立着死!"

1996年国庆前夕,安志洁收到了中国驻俄罗斯大使馆李桐杰参赞的来信,信中称:"1996年8月29日,俄联邦军事检察院正式作出为俞秀松烈士恢复名誉的决定。"

施存统义正辞严地说:"宁可饿肚皮,不投蒋介石。"

陈望道去世后,上海人民出版社分四卷出版了《陈望道文集》,其中第四卷为译著,里面有他翻译的《共产党宣言》。

1979年9月14日,金家凤追思仪式在香港殡仪馆举行。新华社香港分社以中国旅行社名义送来花圈,上面写着"典型尚在"四个大字。其骨灰安葬在香港钻石山公墓。

张太雷：他死时，还是希望自己的鲜血，将要是中国苏维埃革命胜利之渊泉

1927年12月11日清晨，广州丰宁路西瓜园内人头攒动，群情激昂，庆祝广州苏维埃政府成立的大会正在这里召开。

张太雷身佩步枪和毛瑟枪，衣袋里装着手榴弹，纵身跃上主席台。他环视四周，朗声说道："同志们，广州苏维埃政府成立了！"台下立刻响起了掌声、欢呼声。

二十九岁的张太雷意气风发，沉浸在胜利的喜悦之中，浑然不觉死神正在悄然逼近……

团一大召开后的数年间，张太雷一直奔走在革命的最前沿。在共产国际工作、参加国际性会议，开拓了他的视野，培养和锻炼了他的组织才能。经过数年革命实践的历练，他已从一个求知、爱国、追求真理的进步青年，成长为中国早期共产主义运动的革命者和领导者。在上海、在武汉、在广州，他都以自己卓越的才干和坚定的革命意志，影响和团结着越来越多的人。

1924年，张太雷按照党中央的要求回国，之后出席党的第四次全国代表大会并当选为候补中央委员，同时兼任中共广东区委委员、宣传部部长。

1925年1月，张太雷在上海主持召开中国社会主义青年团第

三次全国代表大会并做政治报告。大会将中国社会主义青年团的名称更改为"中国共产主义青年团",张太雷当选为团中央总书记。针对各地党、团组织在思想认识、组织建设、工作作风等方面产生的诸多新问题,张太雷前后下达了四十四份团中央通告,针对性地采取切实可行的措施,把青年团从过去组织分散的青年进步团体,逐步转变为共产党领导下的,有统一信仰、统一纲领、统一组织、统一纪律的中国青年运动的战斗核心团体。

1927年,蒋介石发动四一二反革命政变,大肆屠杀中国共产党人,第一次国共合作破裂。

1927年4月27日,中国共产党第五次全国代表大会在汉口召开,张太雷当选为中央政治局候补委员,调任中共湖北省委书记。7月12日,中共中央在汉口召开临时政治局会议,改组中央领导机构,张太雷和周恩来、李维汉、李立三、张国焘五人组成临时中央常务委员会代行中央政治局职权。8月7日,中共中央在汉口原租界三教街四十一号(今鄱阳街一百三十九号)召开紧急会议(即"八七会议"),成立了由瞿秋白主持工作的临时中央政治局,张太雷当选为中央政治局候补委员。

为了走出四一二反革命政变之后的低潮,中国共产党走上了武装对抗国民党的道路。1927年8月1日,周恩来、朱德、贺龙、叶挺、刘伯承在南昌举行了起义。9月9日,毛泽东在湖南领导农民起义,计划攻取长沙,遇阻后,队伍集中到湖南浏阳文家市。9月20日,毛泽东率领起义部队向井冈山进军,于10月到达井冈山,在这里创立了农村革命根据地。

1927年11月,中共中央决定借粤桂战争的有利时机,发动起义，夺取广东全省政权，并任命张太雷为中共广东省委书记兼军委书记，负责主持武装起义的准备工作。张太雷带着指令立刻赶往广州，组建了广州武装起义指挥机构——革命军事委员会并担任总指挥。革命军事委员会组织工人赤卫队，运用土法练兵，并设法自己制造武器。

广州起义原定于12月12日举行，但由于秘密泄露，我党掩藏武器的地点遭到敌人破坏，张太雷于12月10日召开省委紧急会议，临时决定将广州起义提前至11日凌晨举行。

1927年12月11日凌晨3时30分，广州起义的枪声打响了。由于打了敌人一个措手不及，仅仅经过两个多小时的激战，起义军就占领了市内绝大多数地区。清晨6时，原广州市警察局的大楼上高高地挂起了"广州苏维埃政府"的红色横幅。

彻夜未眠的张太雷主持了广州工农兵政权的首次会议，会议通过了苏维埃政府成员名单和《广州苏维埃宣言》等，发布《红旗号外》。

在随后召开的广州苏维埃政府成立大会上，张太雷当选为广州苏维埃政府代理主席（苏兆征任主席，因病未到职，由张太雷代理）兼人民海陆军委员。

12月12日，正在起义指挥部工作的张太雷突然接到报告：敌军攻占了起义军的重要阵地！

张太雷闻听此消息，立即登上汽车，奔赴前线指挥战斗。汽车行驶到广州惠爱西路时，遭到敌军伏击。张太雷身中三弹，倒在插着红旗的敞篷汽车中，壮烈牺牲，年仅二十九岁！这位卓越的党、团负责人，以青春和热血践行了"愿化作震碎旧世界惊雷"的铮铮誓言。

张太雷牺牲后不久，苏联《真理报》登载了张太雷牺牲的消息。他的昔日同窗瞿秋白以无比沉痛的心情写下了《悼张太雷同志》，文中写道："他在党里历次担任负责的工作，他的坚决与耐苦是一般同志所知道的。""他死时，觉着对于中国工农民众的努力和负责，他死时，还是希望自己的鲜血，将要是中国苏维埃革命胜利之渊泉！"

李汉俊：新中国成立后首批被追认的革命烈士之一

1927年是中国共产党组织损失极其惨重的一年。

李汉俊也倒在血雨腥风的1927年，距张太雷逝世仅五天。

1922年，李汉俊因与陈独秀、张国焘政见不一，离开上海，回到武汉。中共二大召开时，陈独秀致电李汉俊，请他参加会议，但他没有到会，只托人给党中央带了一份意见书。意见书的主要内容是反对共产党人加入国民党，主张党的组织原则采用苏维埃联邦宪法，不赞成民主集中制。不久，他和沈玄庐、陈望道等人一起退党。党的三大召开时，党组织根据马林的建议，在李汉俊未出席会议的情况下，仍选举他为五名候补委员之一。1924年，鉴于他已自动脱党，中国共产党中央正式将其开除（当时大部分同志认为李汉俊等退党是陈独秀同志的专横，使李汉俊等人消极，也有人认为，他被开除与张国焘的打击不无关系）。

李汉俊脱离中国共产党之后，曾任武昌高等师范学校教授，汉口市政督办公署总工程师，北洋军阀政府外交部秘书。

北伐军占领武汉之后，李汉俊任国民党湖北省党部委员、湖北省政府委员兼教育厅厅长、青年部部长。

在此期间，李汉俊和詹大悲二人多次在《新华日报》《楚光日报》上揭露蒋介石的可耻行为，引起了国民党右翼分子的仇视。

1927年12月17日下午5时，李汉俊与詹大悲正在汉口日租界中街四十二号下象棋，突然，几名便衣密探在日本巡捕的陪同下出现在他们面前，强行将他们逮捕。

李汉俊的兄长李书城得知消息，正准备营救他，未料自己也遭到了逮捕。

李汉俊和詹大悲被捕后，武汉卫戍司令部司令胡宗铎立即从日租界带走李汉俊和詹大悲，未经任何法律程序，即以"李是共产党，詹是同伙，密谋暴动，希图响应广州"的罪状，将李汉俊和詹大悲押赴刑场。

当晚9时，李汉俊和詹大悲在被捕仅四个小时后，即被胡宗铎下令执行枪决并不准收尸。李汉俊牺牲时，年仅三十七岁。

新中国成立后，李汉俊被首批追认为革命烈士，毛泽东主席签署的革命牺牲工作人员家属光荣纪念证上写着，"李汉俊在大革命中光荣牺牲，丰功伟绩永垂不朽"。

叶天底：带着药罐闹革命

1928年2月8日拂晓，四名男子抬着一块门板，一步一步走进浙江陆军监狱的刑场。门板上躺着的，是病得无法动弹的叶天底。

叶天底看了看天空，想：天快亮了，可惜我看不到了。

叶天底的身体很弱，断断续续一直病着。1921年春，上海外国语学社的学员分批去莫斯科留学，叶天底也很向往苏俄，但因猝发伤寒，未能成行，病弱的身体使他与他向往的莫斯科失之交臂。团组织临时解散后，叶天底离开上海，回到浙江上虞家中养病。

缠绵病榻，并没有让叶天底意志消沉，他在病中终日思考的仍是党、团工作，他给上海的朋友写信说："'堕落便是心死'，我身不死，我心决不先死……我昨天已有信给望道先生和别的好友了，问共产党机关中有否缺少办事，倘若接到他们的信，说缺人办事，我立刻带着药罐去。"

病情稍有好转，叶天底便去上虞第一小学任教。

1922年9月，上虞春晖中学正式开学，叶天底应聘到该校教务处工作。冬季农闲时节，他和同事们利用工作之余在校外办起了农人夜校，组织附近的农民学习文化，启发他们的思想觉悟。对于这一段经历，叶天底撰写了《白马湖上伴农民读书半年》一文，以作记述。

这期间，叶天底还坚持研究文学艺术，经常作画或写文章，寄给上海《民国日报》社，在副刊《觉悟》上发表，并把自己的作品辑成《处女》一书。他利用文学作品，通过典型塑造，揭露帝国主义、封建军阀的罪行，唤醒民众，投身反帝反封建运动。

1923年秋，叶天底再次离开家乡，来到上海，到上海东方艺术研究会学习，还常去上海大学听课，接受马克思主义的教育，并与陈独秀、瞿秋白、罗亦农、恽代英等共产党人频繁交往。同年年底，他加入了中国共产党。

1924年7月，叶天底去苏州乐益女中任教，教授国文、图画两科。翌年9月，直属上海区委领导的中共苏州独立支部在乐益女中秘密建立，叶天底担任支部书记。在他的领导下，乐益女中一度成了苏州人民革命斗争的中心和据点。

1926年春，叶天底因患病从上海回到了家乡。临行时，党组织交给他两项任务：一是养好病；二是在家乡发展党的组织，开展农民运动。

叶天底病情略有起色，便遵照党的指示，开展起革命活动。他应聘担任县教育会杂志《教育月刊》的主编，在杂志上撰文号召青年"勇敢地坚决地去指导农民团结起来，做反抗贪官污吏劣绅土豪等工作"。他在当地报纸《上虞声》上发表《团结》一文，揭露封建军阀、土豪劣绅的反动行径，号召劳动大众起来推翻黑暗的社会。他拖着病弱的身体，奔走呼号，竭尽所能，创办了上虞县平民习艺所,收容流浪儿童,并组织他们学习手艺,生产自救。

1926年7月16日,叶天底主持召开了中共上虞县直属支部的成立大会。在叶天底领导的中共上虞县直属支部的发动下,上虞县的党员队伍不断壮大。叶天底还组织农民协会,领导农民开展反封建、打土豪和二五减租等革命斗争。叶天底的舅舅俞恒山是个恶贯满盈的土豪,当地老百姓都叫他"东门老虎",叶天底大义灭亲,主持了斗争俞恒山的大会,为深受压迫的劳苦大众主持正义。他的正义之举激发了农民兄弟投身打土豪反恶霸斗争的热情,推动了上虞农民运动的发展。

四一二反革命政变后,上虞的局势急剧逆转,国民党右派势力乘机反扑。叶天底召开党支部紧急会议,决定埋藏武器,分散隐蔽。当时,叶天底正患重病,农友们不避风险,连夜用轿子把他抬到一个叫十八折的山区隐蔽起来。国民党右派势力几次派兵搜捕他,都扑了空。

5月初,大捕杀的局势稍稍缓和,叶天底就秘密前往杭州。他通过统战关系,取得了国民党省党部新委任的上虞党务指导员郑师泉(国民党左派)的同情和支持,又和钱念先等四人回到上虞,秘密重建中共支部,并公开成立进步组织石榴社,还出版了一份《石榴报》。接着,他又秘密组织农会,取出埋藏的武器,成立小型的农民武装队伍,上虞的革命活动又逐步活跃起来了。

8月,叶天底到绍兴参加了九县党组织负责人联席会议。会议号召各地积极开展二五减租斗争,恢复农民武装,准备秋收暴动。回到上虞后,叶天底训练农民自卫队,成立渔民友谊社,创办了《星期周刊》。10月下旬,全县两千七百多个农民集合在县城运动场,向县政府请愿,要求实行二五减租。经过抗争,农民们迫使县长方赞修签了字,斗争取得了胜利。

11月,中共浙江省委遵照"八七会议"精神,决定以上虞、象山港为中心区进行浙东大暴动,由叶天底负责组织和指挥工农武装占据上虞城,消灭反动武装。叶天底抱病与党支部几位同志研究了行动方案,决定分头发动农民,组织人员,调配武装力量,制订行动路线,待命行动。不料,行动尚未开始,省委机关就被敌人破坏,暴动计划也被搜走,叶天底等各地暴动领导人成了敌人重点搜捕的对象。

11月中旬的一天,国民党浙江省党部派人到上虞逮捕了卧病在床的叶天底,把他用轿子抬到县政府。县长亲自审问他:"叶先生,只要你告诉我上虞共产党组织的情况,我可以替你求个情,让你留在家里治病。"叶天底冷冷地答道:"上虞入共产党的只有我一人,我替劳苦大众做工作!"县长见问不出什么来,第二天就把他押送省党部,关入了浙江陆军监狱。

叶天底入狱后,病情日益加重。敌人多次提审叶天底,他守口如瓶。见提审达不到目的,敌人又企图从政治上"软化"他,向他保证:"只要你在自首书上签一个字,就可以释放。"他斩钉截铁地回答道:"要我签一个字,我宁可死。"敌人又降低要求说:"只要你讲一句——'我以前走错路了',就可以放你。"他理直气壮地回答:"我叶天底走的是光明正大的道路!没有错!"敌人不甘心失败,找了叶天底在浙江省立第一师范学校学习时的同学来劝降,结果来人被他怒斥一顿,羞愧而走。敌人仍不甘心,又装作关心叶天底的病情,让他"监外就医",到杭州亲戚家里养病,暗中却派特务严密监视。叶天底识破敌人的诡计,在"监外就医"期间,谢绝一切熟人前来探望。敌人无计可施,不久又把他关进了监狱。

1928年2月3日,叶天底给哥哥写了一封绝命书,其中写道:"我决无生路,不死于病,而死于敌人之手。大丈夫生而不力,死又何惜,先烈之血,主义之花。……我决不愿跪着生,情愿立着死!"

2月8日凌晨,叶天底倒在了敌人的枪口下,牺牲时,年仅三十岁。

俞秀松：在异国他乡含冤而死

1939年2月21日，莫斯科郊外寒风凛冽，一群戴着手铐脚镣的死刑犯被押赴刑场，他们被称为"托派分子"。

这群死刑犯里，有上海社会主义青年团第一任书记俞秀松。这一年，他四十岁。

俞秀松迎着西伯利亚的寒风，挺直了身躯。在生命的最后一刻，他想念远在浙江诸暨的亲人，想念妻子盛世同。他们，都在等待他回家。

枪响了……

1922年5月，俞秀松担任中共上海地方兼区执行委员会委员。10月，俞秀松去福建、广东等地协助孙中山工作，任东路讨贼军总司令部参谋处一等书记官，随许崇智讨伐陈炯明。同年，他与陈独秀、李大钊、张太雷一起以个人身份加入国民党，协助国民党改组。

1924年1月，俞秀松任中共上海、杭州地方书记，国民党浙江省临时执行委员会委员，中共党、团书记。响应孙中山召开国民会议的倡议，他与邵力子、陈望道一起起草了《我们所要的国民社会主义是什么》，指导全国开展国民会议运动。

俞秀松与妻子盛世同（安志洁）

1925年冬，俞秀松受党中央派遣，率一百零三名中共党员和青年团员赴苏留学。这是俞秀松第二次赴苏，这一次，他在苏联待了将近十年，先后在莫斯科中山大学、列宁学院学习和任教，曾任中山大学联共支部局委员、中国部中共支部副书记、国民党中大特别党部主席、校学生公社主席。其间，因反对和抵制王明宗派主义和"左"倾冒险主义，俞秀松遭到打击和排挤，被诬告为"江浙同乡会""反党小集团"头子，"托洛茨基派"。联共中央监察委员会经过审查，未采信这些诬告。

1933年，俞秀松被派到苏联远东地区工作，任联共边区党委机关报《工人之路》中文报副总编辑。

1935年6月，受联共中央派遣，俞秀松化名王寿成到新疆工作，先后任新疆反帝联合会秘书长、新疆学院院长、省立一中校长、督办公署边防处政治处副处长、航空学校和军官学校政治教官等职，并主编《反帝战线》，在新疆传播马克思主义。其间，他与盛世才之妹盛世同相爱结婚，伉俪情深。西安事变后，俞秀松代表新疆反帝联合会致电张学良将军，支持抗日。卢沟桥事变后，俞秀松在新疆积极开展抗日救亡运动，组织爱国人士捐款捐物，支援抗战。

1937年，王明、康生从苏联回延安，途经新疆，诬陷俞秀松有托洛茨基主义活动。12月10日，俞秀松在新疆被捕入狱。

1938年6月，苏联派了一架军用飞机把俞秀松押往苏联。上飞机前，俞秀松心疼地看着号啕大哭的妻子盛世同，安慰道："同妹，要坚强，要保重，但愿我们重逢。"

飞机腾空而起，倏忽消失在云端。盛世同伤心欲绝，晕倒在地。

从此，盛世同开始了漫长的追寻与等待。她痛恨兄长盛世才参与了对俞秀松的迫害，愤然与之决裂，并将自己的名字改为安志洁，意为志存高洁。1948年冬，盛家迁往台湾，家人轮番规劝安志洁同去台湾，她坚决不从，留在大陆一心等待俞秀松归来。

新中国成立后，安志洁与俞秀松的父亲俞韵琴一起，向多方反映情况，请求政府帮忙寻找俞秀松的下落。不久，安志洁收到时任驻苏联大使王稼祥的回信，信中告知，俞秀松已在苏联牺牲。

在俞家人的规劝下，安志洁与俞秀松的弟弟俞秀臧结为夫妇，并让长子俞敏做了俞秀松的继子。

1962年，安志洁收到了毛泽东亲自签发的革命牺牲工作人员家属光荣纪念证以及革命烈士证明书。1988年，时任国家主席李先念为俞秀松烈士题写了纪念碑——"俞秀松烈士永垂不朽"。

尽管俞秀松已被追认为革命烈士，但俞秀松牺牲的真相，始终是安志洁心中一个解不开的结。

1996年7月，安志洁让俞敏专程前往莫斯科，了解俞秀松牺牲的真相。在中国驻俄大使馆工作人员的陪同下，俞敏去顿河墓地凭吊了俞秀松烈士英灵。坟地的墓碑上写着："这里埋葬着无辜蒙难者及受政治迫害而枪决的牺牲者们的遗骨。1930—1942 永垂不朽！"墓地管理人员告诉俞敏，当时许多"政治犯"是被集体杀害后火化埋葬在一起的，俞秀松烈士的遗骨已无法找到。

1996年国庆前夕，安志洁收到了中国驻俄罗斯大使馆李桐杰参赞的来信，信中称："1996年8月29日，俄联邦军事检察院正式作出为俞秀松烈士恢复名誉的决定。至此，这一沉积半个多世纪的历史冤案终于得到了彻底平反，九泉之下的烈士英灵得以告慰……现将平反证明书及译文随信一并给您寄去。"安志洁拿着信，一生的等待终于有了结果。

施存统：建国后曾任劳动部副部长

1922年底，团中央随党中央由上海搬到北京。施存统因患有神经衰弱症，辞去团中央书记一职。

1923年，施存统到上海大学任教，讲授社会思想史、社会运动史和社会问题等课程。1924年，他接替瞿秋白担任社会学系主任。他的课深受学生欢迎，后来成为著名作家的女生蒋冰之（丁玲）就是其中之一。由于讲课时极有魅力，他获得了女生钟复光的芳心。两人志同道合，遂结为伉俪。为了表达爱意，施存统将自己的名字改为施复亮，并专门雕刻了一枚"复光复亮"的图章。

1926年，国民革命军开始北伐，施存统遭到军阀孙传芳的通缉，党组织安排他与妻子奔赴广州。在广州，施存统先后在黄埔军校、广州农民运动讲习所讲授政治经济学。之后，施存统担任了黄埔军校武汉分校政治部主任。

1927年，国共合作破裂，大革命失败。施存统在失望之下退出了共产党，钻进书斋，埋首学问，先后出版了《资本论大纲》《苏俄政治制度》等二十余种译著。

1941年，施存统夫妇住在重庆南山，儿子施光南出生，但夫妻双双失业，度日艰难。有人劝施存统投靠国民党，去当个参议

施存统、钟复光夫妇与他们的儿子施光南

员,施存统义正辞严地说:"宁可饿肚皮,不投蒋介石。"后经朋友帮助,他到中央银行做了经济研究员。

抗战胜利后,施存统与黄炎培、章乃器组建民主建国会,在国统区争取和平民主、反对国民党独裁统治。

新中国成立后,施存统担任劳动部第一副部长。施存统对自己要求很严,曾写信给劳动部部长李立三和中共中央统战部部长李维汉,反省自己当年的脱党行为,并决心为新中国的建设鞠躬尽瘁。

1970年11月12日,施存统在北京去世,终年七十一岁。

施存统之子施光南,系著名作曲家,其于1981年谱写的歌曲《在希望的田野上》传唱至今。2007年10月24日,"嫦娥一号"卫星带着《在希望的田野上》升上太空,使这首歌响彻寰宇。

陈望道：第二次入党

1975年底，上海华东医院的高干病房住进一位高龄的瘦弱老人。他脸色黝黑，头发稀疏，双颊深凹，已病得有气无力，但只要有些精神，他便会掏出纸笔，写上几行。家人劝他多休息，不要劳心。他点点头说："快了，快写完了。"说完，他照样写。在医院住了一年多，他写了一年多。

在病榻上，他完成了他的最后一部著作《文法简论》。这本书共分七章，其中不少内容是对他在20世纪30年代末40年代初一些见解的进一步发挥。此书在词类问题上用了较多的笔墨，既讲了词类区分的依据，又讲了汉语的词类系统，把汉语的实词分为了体词、用词、点词、副词四大类。这是他继《修辞学发凡》之后又一部重要的学术著作。

1977年10月29日，他的心脏停止了跳动，享年八十六岁。

他是《共产党宣言》第一本中文全译本的译者、复旦大学校长陈望道先生。

1920年底，陈望道开始承担《新青年》的编辑工作，同时在上海外国语学社、复旦大学、平民女校等学校教书。1921年底，中共上海地方委员会成立，陈望道担任首任书记，直至1922

年6月。1923年夏，因与陈独秀产生分歧，陈望道脱离了中国共产党。

从此，他一心钻研学问，成为一代学问家。

陈望道先生自1920年9月到复旦大学任教起，直到1977年10月29日逝世，在复旦大学这块园地里辛勤耕耘了半个多世纪。他先后担任复旦大学中文系教授、中文系主任、新闻系主任、文学院代院长、校务委员会副主任兼文学院院长、校长等职，陆续开设了修辞学、逻辑学、文法学、文艺理论、美学、新闻学等课程。他用毕生热情培养学生，并鼓励他们走向社会，为中国人民的革命事业培养了大批优秀干部和人才。

他积极支持文字改革和推广普通话工作，为语言学的现代化、规范化、科学化做出了贡献。他在修辞学研究方面的贡献集中体现在《修辞学发凡》一书中。该书对汉语文中的修辞方式做了系统而详尽的分析、归纳，对修辞格式做了全面的概括（分为三十八格），首先提出了消极修辞和积极修辞的说法，创立了我国第一个科学的修辞学体系，开创了修辞研究的新境界，是我国第一本系统的修辞学著作。

1956年元旦，毛泽东在上海会见了陈望道。两位老友久别重逢，长谈了一番。回溯往事，陈望道萌生了回归党组织的愿望。他怀着忐忑的心情，向组织递交了入党申请。

陈望道的身份、资历非同一般中国共产党党员。他能否重新入党，不是中共上海市委能决定的。

中共复旦大学党委逐级向上请示，最后把报告送到了毛泽东那里。

毛泽东了解陈望道的历史和为人，他说："陈望道什么时候

毛泽东会见陈望道

想回到党内,就什么时候回来,不必写自传,不必讨论。可以不公开身份。"

在毛泽东的支持下,1957年6月,党中央直接吸收陈望道为中国共产党党员。临终时,陈望道把毕生积蓄的二十二万元人民币,作为党费全部交给了党组织。

1980年1月23日,中共上海市委在龙华革命公墓郑重举行仪式,为陈望道骨灰盒覆盖中国共产党党旗。

陈望道去世后,上海人民出版社分四卷出版了《陈望道文集》,其中第四卷为译著,里面有他翻译的《共产党宣言》。

金家凤：四次入狱

1979年9月11日，香港界限街上车辆如织。一位老人手提装满饭菜的提兜，在马路上左右张望。

他是金家凤，这一年，他七十六岁，他去给生病住院的妻子杨娜蕙送饭。杨娜蕙是他的第二任妻子，他的第一任妻子毛一鸣已在"文革"中去世。

许是十多年的牢狱生活让他的手脚有些僵化了，面对川流不息的车辆，他有些不知所措。突然，"嘎"的急刹车的声音响起，金家凤被一辆疾驶的汽车撞倒在地。

失去知觉前，金家凤看着撒了一地的饭菜，心想：娜蕙还等着吃饭呢，这可怎么办呢？

金家凤这一生，曾四次入狱，出狱后的金家凤对自己的历史进行了反思，曾沉痛地对子女说："回顾我的一生，虽然名义上曾是汪伪'国民党中央执行委员'，但面对人民，我是无罪的。可对两位妻子、六个子女，却欠下了今生还不尽的债……"

建党、建团初期，金家凤发现党、团经费极其紧张，将父母给他留学的六千大洋捐给了党、团组织。

为避父母起疑，金家凤与未婚妻毛佩兰（后改名为毛一鸣）决定离开上海去北京。1920年9月,陈独秀给北大校长蔡元培写信,介绍金家凤和毛佩兰到北大学习。经过考试,毛一鸣成了北京大学英文系的正式生,金家凤则进入北大政法系当旁听生。

到北京后,在李大钊的领导下,金家凤与毛一鸣参加了北京地区党、团组织的劳工、妇女和学生活动,毛一鸣还参与了与苏俄大使馆联络的工作。

1921年5月,马神庙北京大学理科化学实验室内秘密举行了一次入党仪式。李大钊亲自主持仪式,范鸿劼、高尚德做司仪,入党的有邓中夏、张国焘、何孟雄、缪伯英、朱务善、李骏、刘仁静、金家凤、毛一鸣等人。

1922年5月,邓中夏、金家凤以北京社会主义青年团代表的身份,去广州出席中国社会主义青年团第一次全国代表大会,并参加了全国劳动者代表大会和广东铁路、机器工会成立大会。

1922年8月底,金家凤跟随李大钊、蔡元培等前往上海莫利哀路二十九号(今香山路七号)拜见孙中山,建议孙中山改组国民党,实行国共两党合作,孙中山欣然同意,并命金家凤担任秘书工作。

1923年春,金家凤在北京协助李大钊、李石曾策动举行"首都裁兵大会",计划逼迫总统黎元洪裁兵下野,以组成蔡元培为首的临时政府,不幸计划遭到破坏,他本人也遭到军阀政府通缉。同年9月,在陈独秀的指派下,金家凤、毛一鸣与柯庆施一起,以教师身份做掩护,在安庆筹建党、团组织,并与安徽国民党中思想比较进步的人士联络,商谈开展国民党改组事宜。

1924年初,金家凤重返北京。时值国民党改组高潮,金家凤以国民党华北执行部组织干事的身份,吸收了许多江、浙、皖籍的知识青年加入国民党,遭到中共党组织领导人张国焘等人的反对,指责他搞"地方主义",是小资产阶级知识分子的做法,责令他做深刻检讨。对此,金家凤想不通,事情闹到陈独秀那里。陈独秀调解不成,决定调金家凤离开北京,前往苏联学习军事。金家凤认为这是对他的惩罚,拒绝去苏联——彼时金家凤已身患神经衰弱,身体极度虚弱。无奈,李大钊同意金家凤在赴苏联前先回苏州家乡养病。1925年,他返回家乡苏州,与毛一鸣结婚,同时埋头研究马克思主义的理论。同年,他因不服从党组织对他工作的调派而最终脱党。

在中共建党初期和建党后,金家凤还曾经以冠三、品三、凤三的笔名,先后在《新青年》、上海《民国日报》的《觉悟》副刊和《向导》等进步刊物上发表文章,宣传马克思主义,歌颂俄国十月社会主义革命。

1926年12月,金家凤遭军阀孙传芳的军警逮捕。在狱中,他遭到军警的刑讯逼供。1927年出狱后,金家凤突发精神病,后由马叙伦与马克强(中共党员)父子送往上海法国医院诊治,病情才得以好转。

在家乡甪直休养一段时间后,金家凤发现,他曾经紧紧追随的中国共产党组织中,他不知道还能和谁联系:李大钊已经牺牲了,陈独秀被免去中共中央总书记职务,他自己也因为患过精神病无人来找。他与他们,都疏远了。

不久,他携妻子毛一鸣到南京去找蔡元培。时任教育部部长的蔡元培委任金家凤为教育部图书馆主任。在南京时,金家凤还

光明,以及永远的纪念 | 321

晚年金家凤

遇见了时任国民政府主席的汪精卫。此后多年，金家凤都在国民党各派之间周旋。

1937年抗日战争全面爆发后，金家凤全家转移到武汉，在陈独秀家住了一个多月。陈独秀晚年在四川江津患病时，金家凤曾多次到陈独秀的住处和医院探望，并赠予钱款，帮助陈独秀。

1940年夏，金家凤来到上海，在汪伪政府担任"国民党中央执行委员"。

1945年4月，金家凤被日本宪兵逮捕，罪名是"通共通渝"。金家凤从上海被押至苏州政治犯监狱，这是他第三次入狱。在狱中，金家凤遭受了各种酷刑——日本人将他装在麻袋中摔打，还让他跪钉板。1945年5月，日方将金家凤案交汪伪政府处理，金家凤交保获释。

出狱后，金家凤担任"上海华中运输公司"董事长。

抗日战争胜利后，金家凤化名"费君忍"在香港做运输生意，先后在孟力平开办的通安轮船公司任上海、台湾、天津、香港分公司代表、副经理、经理。期间,潘汉年托人带信到香港,让金家凤"以反革命的态度,打入反动势力,为中共帮忙"。

1952年8月,孟力平勾结台湾"交通部",企图把在大陆注册的罗斯陶号轮船出售给台湾,在香港领取轮船损失赔偿的保险费后逃往美国。最终,在香港海员工会的支持下,罗斯陶号开回广州,回归大陆。

受此案牵连,1953年11月底,金家凤被广东省公安厅拘捕。1958年,广东省公安厅经审查做出判决,罗斯陶号轮船投敌案系该公司行为人孟力平主持策划,罪责主要由孟力平来负,建议检察院对金家凤免予起诉。在此期间,金家凤一直被关押在狱中。1962年8月3日,金家凤因罗斯陶号案件,以"策划和包庇反革命罪"被判处有期徒刑十五年。1975年,金家凤被特赦出狱。1979年初,他获准去香港探亲。未料,等待着他的是一场车祸。

1979年9月14日,金家凤追思仪式在香港殡仪馆举行。新华社香港分社以中国旅行社名义送来花圈,上面写着"典型尚在"四个大字。其骨灰安葬在香港钻石山公墓。

金家凤长子金庆平(后改名为金大康)是我国原子弹研制功臣之一,于抗战前夕加入中国共产党。

百年风雨，砥砺而过

建团之初，团员只有几个人；时至今日，团员人数已逾七千万。

青春的力量，常盛不败。

百年风雨,砥砺而过

青春是永远超乎想象的伟大力量。

它催发着青年人的躯体,启迪着他们的智慧。同时,它也灌输着热烈的感情和坚强的理智。

从上海社会主义青年团创建的历史中走出来,我们的思绪久久不能平静。他们这样一群人,之于当下,给予我们的思考太多太多。沿着历史的步伐前行,从开始到现在,青春的火焰熊熊燃烧,青春的力量源源不断,青春的梦想从未泯灭……

关注一代又一代人的青春岁月,就是关注一个国家的成长,一个民族的奋斗。

如果说五四运动为青年团的创建准备了思想条件,马克思主义研究会等会社的建立为青年团创建奠定了基础,那么上海社会主义青年团的建立乃至团一大的召开,则预示着中国青年队伍成了推动中国革命胜利的重要力量。

这是共青团的光荣,也是我国青年运动的光荣。

自1925年团三大在上海召开,将中国社会主义青年团改名为中国共产主义青年团以后,青年一直占据着中国历史的重要舞台。

1927年4月，蒋介石在上海公开发动反革命政变。面对大革命日益恶化的政治形势，5月10日至16日，团四大在武汉召开，任弼时当选团中央总书记。这次会议进一步明确了团的无产阶级性质，认定"本团是无产阶级青年的革命组织，它应当在党的指导之下，吸引广大的劳动青年群众，参加革命的斗争，并在这些斗争中去养成他们共产主义者的精神"。

　　团的四大以后，中国革命形势继续恶化。在中国革命发生危机的关头，共青团按照党的组织原则协助党内正确力量同陈独秀右倾错误做斗争，为中国革命和党的事业做出了重要贡献。

　　1928年7月12日至16日，青年团根据革命形势的变化和党的六大精神，在莫斯科召开了共青团第五次全国代表大会。五大召开后，团组织逐渐实现了工作方针的根本转变。在革命根据地反"围剿"斗争中，各根据地的团组织积极组织青年参军、参战、发展生产，打破封锁，支持前线，成为根据地各方面工作的英勇突击队。第五次反"围剿"失败后，在漫漫长征途中，共青团不畏艰难险阻，和共产党员一起挺身而出，承担最艰巨的任务。

　　从1927到1935年10月，共青团更加成熟，并且由过去以学生和知识青年为主体，变成了一个以工农青年为主体的组织。

　　1931年九一八事变后，日本侵占东北。广大青年，特别是高校学生，在团组织的动员下参加抗日救亡运动。北平共青团组织配合北京党组织通过北平学生联合会，于1935年12月9日成功地发动了一二·九运动，在全国吹响了抗日救国的号角，而在这场斗争中诞生的青年抗日救亡组织——中华民族解放先锋队，则为中国共青团的改造提供了一个范例。

1935年12月20日，中国共产党通过共青团中央发表了《为抗日救国告全国各校学生和各界青年同胞宣言》，号召"把反日救国运动扩大起来！到工人中去，到农民中去，到商民中去，到军队中去！唤起他们救国的觉悟，推进他们建立救国会的组织。进一步建立各地各界救亡大会和全国救亡大会，实行全民抗日救国大联合和实行全国各界同胞武装抗日的共同战斗！"

在1935年12月17日至25日于陕北瓦窑堡召开的中共中央政治局扩大会议上，党中央明确把建立抗日民族统一战线作为党的基本策略任务，会后又采取切实措施推进日益高涨的抗日救亡运动，很快就使得国内的形势发生了重大变化。在停止内战，一致抗日的呼声日益高涨，统一战线工作深入发展的形势下，1936年11月1日，中共中央发出《关于青年工作的决定》，要求共青团对自身组织实行根本性的改造，把共青团由无产阶级先进青年组织改造成为抗日青年的群众组织。随后，团中央成立了西北青救会筹委会，制定了青救会组织法（草案）。11月5日，冯文彬代表团中央发表《使青年运动成为一支巨大的力量》一文，阐述共青团改造成为青救会的必要性及新的青年组织的性质、形式和工作方法。之后，各级团组织制订改造计划，着手建立青救会的基层组织。

1937年4月，西北青年救国会第一次代表大会在延安召开。1938年5月5日，中央决定在县以上各级党委中成立党的青年工作委员会，吸收青年团体中的党团负责人参加青委。1938年10至11月，西北青年救国会第二次代表大会召开，提出了全国不同地区（战区边区、敌后方和根据地）青年工作的不同方针和不同工作方法，决定成立中华青年救国团体联合办事处（简称"中华青联办事处"）。1940年，西北青救会召开会议，决定将青救会中的党团合并，青委直接参加青救会的领导工作。西北青救会、中央青委、中华青联办事处实际是一个班子。

1941年6月4日，中共中央在《关于青年工作的决议》中明确了青救会是青年组织的总形式，其他各种各样的青年组织都是青救会的团体会员，都是青救会领导下的具体组织形式，其统一的、全国性的领导机关和总的组织形式是西北青救会、中华青联办事处、中央青委。

共青团的改造，适应了建立抗日民族统一战线的策略方针，更好地发挥了青年在抗战中的作用，加强和改善了党对青年运动的领导。

这个在中国共产党领导下的以抗日、民主为目标的先进青年群众组织，在一二·九运动时期和抗战初期，成为中国共产党建立抗日民族统一战线的助手和领导抗日救亡运动、团结各界青年群众的纽带；在中国共产党的领导下，高举抗日民族统一战线的旗帜，团结中国社会各阶层力量，在推动抗日救亡运动深入发展和掀起全民族抗战的高潮中发挥了很大的作用。

1945年8月，抗日战争胜利。1946年5月，任弼时提出重新建团。中央青委起草了《关于成立新民主主义青年团的建议（草案）》，"草案"写道："青年团是一个政治性、教育性的基干组织，是青年群众的先进分子的核心组织。它以新民主主义相标榜，凡在思想上接近共产主义，坚决跟着共产党走，又一时不能入党的优秀青年，都可加入。团在党的各项事业中，领头去干,不是与党并列,是介乎党与一般群众之间的,党的后备青年组织。"在对"草案"进行讨论时,徐特立认为,青年有学习问题、工作问题、职业问题、婚姻问题和童工问题等,这些都是青年在社会中的特殊问题。青年也有两重性问题,既有同一般人一样的问题,又有他们特殊性的问题。既然有特殊性,青年团这个特殊组织一定是需要的。

1949年元旦,中共中央正式发表《关于建立中国新民主主义青年团的决议》。大革命时代和土地革命时代的共产主义青年团,一二·九运动时代和抗日战争初期的中华民族解放先锋队,抗日战争时期的青年救国会,青年团组织在历史每一个时期中都起了积极的作用。中国革命和建设事业需要青年运动的推动和配合,青年运动需要青年团做核心,青年需要青年团成为学习共产主义的学校和青年具体利益的代表者和维护者,中国共产党则需要青年团做助手和后备军。

从1920年初创、1922年成立、1936年改组、1946年试建、1949年正式建立至今,百年风雨,砥砺而过。新时代挥手而来。

青年是时代的晴雨表,经济社会发生的深刻变化总是最先投射在青年身上。

党的十八大以来,以习近平同志为核心的党中央高度重视共青团工作,深刻阐述了党的青年群众工作的一系列重大理论和实践问题。站在新的历史起点,共青团要密切与青年的血肉联系,更好地担当巩固和扩大党执政的青年群众基础的政治责任;站在新的历史起点,共青团要充分调动和激发广大青年的热情和干劲,奋勇投身建功中国梦的时代洪流,为实现中华民族伟大复兴的中国梦凝聚人心汇聚力量。

在党的十九大报告中，习近平总书记提出：青年一代有理想、有本领、有担当，国家就有前途，民族就有希望。中国梦是历史的、现实的，也是未来的；是我们这一代的，更是青年一代的。中华民族伟大复兴的中国梦终将在一代代青年的接力奋斗中变为现实。全党要关心和爱护青年，为他们实现人生出彩搭建舞台。广大青年要坚定理想信念，志存高远，脚踏实地，勇做时代的弄潮儿，在实现中国梦的生动实践中放飞青春梦想，在为人民利益的不懈奋斗中书写人生华章！

2022年5月10日，庆祝中国共产主义青年团成立一百周年大会在北京人民大会堂隆重举行，习近平总书记发表重要讲话。他提出：新时代的广大共青团员，要做理想远大、信念坚定的模范；要做刻苦学习、锐意创新的模范；要做敢于斗争、善于斗争的模范；要做艰苦奋斗、无私奉献的模范；要做崇德向善、严守纪律的模范。

2022年10月16日，党的二十大胜利召开。习近平总书记在报告中再次对青年提出了殷切期望。他说：广大青年要坚定不移听党话、跟党走，怀抱梦想又脚踏实地，敢想敢为又善作善成，立志做有理想、敢担当、能吃苦、肯奋斗的新时代好青年，让青春在全面建设社会主义现代化国家的火热实践中绽放绚丽之花。

建团之初，团员只有几个人；时至今日，团员人数已逾七千万。

青春的"舞曲"，常奏不改。

青春的力量，常盛不败。

参考文献

[1] 中共上海市委党史研究室，中国社会主义青年团中央机关旧址纪念馆. 觉悟渔阳里：上海社会主义青年团创建史料选辑[M]. 上海：上海人民出版社，2017.

[2] 共青团上海市委员会. 渔阳里的故事[M]. 上海：上海教育出版社，2004.

[3] 任建树. 陈独秀大传[M]. 上海：上海人民出版社，2012.

[4] 唐宝林. 陈独秀全传[M]. 北京：社会科学文献出版社，2017.

[5] 沈建中. 陈独秀在上海[M]. 北京：中共党史出版社，2018.

[6] 《俞秀松传》编委会. 俞秀松传[M]. 杭州：浙江人民出版社，2012.

[7] 上海市中共党史学会. 俞秀松文集[M]. 北京：中共党史出版社，2012.

[8] 叶永烈. 红色的起点：中国共产党建党始末[M]. 成都：四川人民出版社，2016.

[9] 邓明以. 陈望道传[M]. 上海：复旦大学出版社，1995.

[10] 田子渝. 马克思主义的播火者：李汉俊[M]. 北京：中国工人出版社，2016.

[11] 汪兆骞. 民国清流：大师们的中兴时代[M]. 北京：中国出版集团, 现代出版社, 2016.

[12] 李继锋, 郭彬, 陈立平. 袁振英传[M]. 北京：中共党史出版社, 2009.

[13] 余世诚, 张升善. 杨明斋[M]. 北京：中共党史资料出版社, 1988.

[14] 范小方, 包东波, 李娟丽. 戴季陶传[M]. 北京：团结出版社, 2007.

[15] 李瑊. 渔阳里：红色征程的起点[M]. 上海：上海大学出版社, 2018.

[16] 李瑊. 俞秀松画传[M]. 上海：上海人民出版社, 学林出版社, 2019.

[17] 李瑊. 上海渔阳里：中国共产党的初心孕育之地[M]. 上海：学林出版社, 2020.

[18] 周维强. 太白之风：陈望道传[M]. 杭州：浙江人民出版社, 2006.

[19] 蔡文杰. 张太雷画传[M]. 北京：人民出版社, 2019.

[20] 何民胜. 施复亮全传[M]. 南京：江苏人民出版社, 2018.

[21] 张菊香, 周丽, 李泽昊. 革命先驱张太雷故事[M]. 南京：江苏人民出版社, 2018.

[22] 王铁仙, 刘富勤. 瞿秋白[M]. 南京：江苏人民出版社, 2015.

[23] 孟庆和. 开创新纪元的外国语学社[M]. 上海：上海外语教育出版社, 2021.

渔阳里的讲述 | 跋

4月的一个礼拜四下午，天气晴朗，阳光明媚，我和陈晨约好了在渔阳里广场碰头。

这里有一面大型的主题浮雕墙，花岗岩的墙面上，镶嵌着一把燃烧的火炬，象征着理想和信仰；火炬之下，挺立着八位青年，他们是中国社会主义青年团的创始人：俞秀松、施存统、陈望道、李汉俊、袁振英、沈玄庐、金家凤、叶天底。浮雕墙名为"青春赞歌"，以图文的形式叙述了五四以来中国青年运动的历史。广场的对面是一座现代化的商场，散发着都市的气息。广场上靠近浮雕墙的一隅，是一座简易的咖啡亭，阳光下，亭子外摆了几件铁艺的桌椅。一对老夫妻，戴着白色毡帽，靠在椅背上，侧身望着淮海中路上的车与人，悠闲地喝着咖啡，叙着话。

淮海路，当年名叫霞飞路，是上海法租界里著名的商业街，法国梧桐和法式建筑于此多有，法式的浪漫和法式的激情在街面上闪烁。人与世界，是交融、流通和渗透的。一百多年前，正是因了这份宽松和活跃，青年们的理想和信仰才得以蓬勃生长——我和陈晨的历史回溯之旅就是从这里开始的。不过，早在2021年我就知道陈晨正在着手描绘这一段历史。那时候我们都在北京，在门头沟陈晨的家中,我得以知道她每个月都在《美文》杂志上做连载,一期一章一万字,日夜赶工。这一段经历,尽管形式有所不同,但在精神上却与她笔下的历史人物是呼应的。

前此,陈晨出版过《新渔阳里六号》,比较轻巧,握在手里有种便捷的感觉。书中概要地叙述了中国社会主义青年团诞生的故事。那时,大约是历史的线条与轮廓在陈晨的脑海中刚刚成型,许多人与事的讲述,还比较粗略。现在重新书写的《从渔阳里出发》,无论是宏观层面的结构和体例,还是微观层面的刻画和描摹,都更加清晰和稳定地显示出了历史的脉络和肌理。全书二十多万字,已是比较饱满而成熟的体量了。通过这一次的重新书写,陈晨不仅更加沉浸地融入了近年来的思考和感悟,更重要的是,她找到了一种流畅度更高的叙事语调。

八位创始人,分别来自浙江、江苏、湖北、广东等地,均是当时思想比较活跃、风气比较开放的所在。八位热血青年,尽管背景殊异,经历有别,但几度飘零,最后都涌向了十里洋场的上海,汇聚在法租界霞飞路新渔阳里这样一条在当时看来并无特别之处的里弄,共同为了人民与社会的前途沉思、苦读和擘画,如今想来,既是一种偶然,也是一种必然。

《从渔阳里出发》总共十四章,第一章《照进黑暗里的光》叙述的是陈独秀创办《新青年》,以及编辑部移至北大又重回上海的大背景。重回上海的《新青年》,坐落在环龙路老渔阳里二号,这里是中国共产党早期组织的发祥地。从环龙路老渔阳里到霞飞路新渔阳里,其间不过百余米,往来便捷,被称为"共产主义小道"。中国社会主义青年团的诞生,离不开中国共产党早期组织的领导，因此这一章的故事，可说是一束"照进黑暗里的光"。

从《黎明前的启程》一直到《共产主义马前卒》，共有五章，每一章均是对八位创始人比较集中的传记。由于聚焦的人物不同，而时间和空间又多有交集，所以传记与传记之间常互有补充和缝合，这就使得各个章节之间形成了一种内在的互文。这种看似串珠实则是网状的结构，无形之中生发出了一种叙事的张力，同时又隐隐指向了一种历史的精神。这里，我仅选取几位有代表性的人物加以叙述。

俞秀松，浙江诸暨人，出身于清末秀才之家，从小关心时事，好读康有为、梁启超时文，常怀忧国忧民之思。俞秀松十七岁入读浙江省立第一师范学校。该校是当时浙江省内一所声望极高的学校，校长经亨颐早年赴日留学，回国后出任校长，广延名师，开自由、民主风气之先。1919年4月，兼任浙江省教育会会长的经亨颐校长将其治下的会刊《教育周刊》更名为《教育潮》，用以绍介《新青年》《每周评论》等进步刊物。这对俞秀松的思想造成了极大的影响。时年正逢五四运动爆发，俞秀松遂偕同施存统、宣中华等同学创办了《浙江新潮》，并在发刊词中开宗明义阐明办报宗旨："破坏束缚的、竞争的、掠夺的势力，建设自由、互助、劳动的社会。"

李汉俊，湖北潜江人，早年受到吴禄贞资助，继兄长李书城之后东渡日本留学。辛亥革命、二次革命的失败，让李汉俊认识到了中间道路的不可行，只能革命。1918年，李汉俊离开广州来到上海，之后加入了由戴季陶和沈玄庐创办的《星期评论》的阵营。该刊初期以宣传孙中山思想为主,李汉俊加盟后,转向以宣扬马克思主义为主。在他们的推动下,马克思主义逐渐从新文化运动百家争鸣的局面中脱颖而出。

总结八位创始人外在的人生经历和内在的精神特质,我们会发现这样一些共同的特点:从经历上看,他们大部分都早早地从僻陋的故乡,走向广阔的世界,有的去往省城,有的去往京城,有的去往他国。求学、工作、积极参与社会活动,这些经历对于他们视野的开阔、体验的丰富、认知的加深和毅力的锻炼,都起到了积极的影响。从精神特质上看,他们往往从很小的时候起就开始关注国家、社会与时势,并树立起了远大的目标。在对目标的实践和抵达上,他们的体内充盈着一股激情和能量,这些都驱使着他们不断地成长,不断地"破坏"与"建设"。

著名党史专家陈晋教授在《让历史以何种方式告诉未来》一文中写道:"五四运动前后,世界是什么样子,中国向何处去,青年人应该做些什么,研究些什么,这些问题深深困扰着中国的进步知识分子,为中国寻找一条适合的新路成了一代青年发自内心的追求。"诚如所言,站在一百多年后的历史节点上重新回过头去看,在那个列强环伺、军阀割据、新旧交替、各种思潮蜂拥而至的特殊年代里,一切的方案和道路都充满了迷雾和不可预知的风险。在黑暗中摸索,在摸索中前进,一次次地试错,是青年们共同走过的道路。譬如俞秀松和施存统这两位浙江老乡,都曾参加过北京的工读互助团。工读互助团,是对纯粹书斋生活的一种扬弃,在做工中增益对理论的感性认同,在学业中巩固对做工的理性认知。这些经验因为渗入了血液和肌肉,成了他们此后漫长的精神生活里不可磨灭的记忆，因此也更加坚定了他们的道路选择。

接下来，从《秘密使命》到《东园的竹棚》，一共六章，陈晨以浓郁的抒情笔触，描绘了充满激情的青年们如何把渔阳里的革命星火播撒全国，如何一步步艰难地走向共产国际，走进克里姆林宫，直到最后在国内顺利召开团一大的故事。在这条探索之路上，有两个事件是特别值得注意的：一是上海共产主义小组的成立，二是外国语学社的建立。

1920年4月，维经斯基经过千里跋涉，终于来到了上海法租界，与当时中国共产主义运动的领袖陈独秀握上了手。维经斯基是来自苏俄的红色使者，身上带着俄共中央的秘密使命。经过一次次的座谈和交流，陈独秀、陈望道、戴季陶等当时先进的社会主义者们认识到了中国革命存在的问题：一是思想界混乱复杂，没有一个主流的思潮做引领；二是停留在做文章、说空话的阶段，缺乏组织和实际行动。这二者都不利于中国革命的实质性展开。由此，他们意识到了创建中国共产党的重要性和紧迫性。同年8月，由陈独秀等人发起的上海共产主义小组成立了。这标志着中国共产党第一个正式组织的诞生，也为中国社会主义青年团的成立创造了最重要的条件。

外国语学社，是在莫斯科东方劳动者共产主义大学创办的大背景下建立的。这所大学的办学目的是为东方各国被压迫民族培养革命干部。筹备期间，东方大学向中共早期组织发出留学邀请，后者接到来自莫斯科的邀请函后欣然同意。1920年9月，为了避免引起当局的注意，掩护青年团的革命活动，外国语学社在新渔阳里六号成立了。作为中共上海早期组织第一所培养革命干部的学校,虽然外国语学社从开办到解散,不过短短一年多,却留下了一份熠熠生辉的学员名单:刘少奇、任弼时、罗亦农、萧劲光、李启汉、蒋光慈……他们后来都成了中国新民主主义革命道路上的重要力量,革命成功后又在政治、文学、法律、经济等领域做出了卓越的贡献。

从渔阳里出发,又该去往何处?这既是陈晨提出来的问题,又是陈晨需要解答的问题。青年们从一条窄小而寻常的上海弄堂出发,走出中国,走向国际,最后回到中国,把革命的种子深深地扎进祖国的土壤,浇灌它、呵护它,促使它开花、结果。这一系列的故事,就像一条洪流,蜿蜒地流淌,直到最终成功注入大海。历史的发展何以如此,陈晨似乎并没有给出正面的回答,但她又把答案融化在了故事的讲述之中。历史,虽然是已经过去的故事,但它的变迁和演进却对我们充分敞开了理解的可能性。历史,原本是一个复杂、多维而立体的整体,同时因为时间的流逝,以及原始资料不可避免的阙如与耗损,总是表现为零散和破碎的面目。如何将历史的吉光片羽有机地缝合起来,并且从中唤醒某种价值和意义,让一种历史的精神在讲述中令人信赖地自然浮现出来,是一项需要努力完成的工作。而这,就涉及《从渔阳里出发》的叙事策略和艺术特征了。

为了说明这个问题,我想首先谈谈我读《在那生长向日葵和白桦林的国度》一章的理解和感受。1921年,刘少奇等一行十余名外国语学社的学员,为了前往莫斯科,艰苦跋涉了三个多月。由于政治环境的复杂和时局的多变,一行人分散出发,水旱并进，经历了恐怖的审讯和严厉的盘查等重重关卡后，才得以脱险。然而，随着火车悠悠驶入黑河与赤塔，那一道道摇晃的桥梁、一条条坑洼的道路、一座座破败的矿山、一片片荒凉的村落，却令人感到无比沉重。战争的频仍、经济的崩溃、粮食的歉收、物资的奇缺，是人所不能忍受的，这一切都让青年们不由得联想到踏出国境线前同样糟糕的国内环境。好在，草原上能够看到大片的向日葵和白桦林，那是颓败线上生命的跃动，它们用金黄的色彩和挺拔的身姿为青年们补给精神的能量……

历史叙事与文学叙事，各有其需要遵循的规约。历史叙事把真实性的要求建立在严格而充足的史料基础上，文学叙事则强调细节与场景的鲜活、故事与形象的生动，使人如临其境，如闻其声，如见其人。《从渔阳里出发》既是一本历史读物，又是一本纪实文学，既要进行历史叙事，又要展开文学叙事。在历史的缝隙中，陈晨灌注了充沛的情感，舒展丰盈的想象，这使得渔阳里的面孔能够在更加流丽的讲述中绽放。

叶桂杰
2024年5月8日 于上海